교회사를 관통한 결정적 장면

# 교회사를 관통한 결정적 장면

김재욱 지음

하온

**일러두기**

- 고유 명사는 국립국어원 표준국어대사전 표기법을 따르되, 기존 음가가 널리 알려진 경우는 원 국가의 발음보다 관용적 표기법을 따랐습니다[예 : 칼빈(← 칼뱅), 어거스틴(← 아우구스티누스) 등].
- 인물과 지명의 영문은 꼭 필요한 것만 병기했으며, 내용 파악에 필요한 연도는 가능한 한 함께 적었습니다.

# 정확한 역사는
# 내일을 여는 나침반이 됩니다

《교회사를 관통한 결정적 장면》을 출간하게 되어 하나님께 감사드립니다. 이 책은 신약 시대 교회사에서 가장 중요하다고 생각하는 사건을 74개로 정리하고, 각 사건을 마치 하나의 뉴스처럼 간단하게 볼 수 있도록 짧은 글과 한 컷의 이미지 자료로 구성했습니다. 따라서 책을 펼쳐보았을 때 글과 그림이 하나로 묶이며, 뉴스를 읽을 때처럼 댓글도 달려 있습니다. 책을 읽으며 어떤 댓글을 달지 상상해보면 흥미로울 것입니다.

 2천 년 교회사에서 뽑은 74개의 사건은 전체 역사에서 너무나 적은 양이지만, 하나님 역사를 전체적으로 조망하는 데는 충분하리라 생각됩니다. 긴 사건들을 짧게 압축하기도 했고, 다루지 못한 사건과 인물도 많지만, 역사에 흥미를 느끼기에는 충분한 내용일 것입니다.

 책에는 일반적으로 다루어지는 중요한 기독교 역사들을 주로 소개했지만, 그중 10퍼센트 정도는 제가 생각하기에 기독교인이 꼭 알아야 할 주요 사항과 함께 이스라엘 역사를 삽입했습니다. 교회사는 여러 시기로 나눌 수 있지만, 대개 고대 교회사(1~590년), 중세 교회사(590~1517년), 종교개혁사(1517~1648년), 근현대사(1648~현재)로 구분합니다. 이에 따라 4개의 장으로 구분했고, 순서도 시간 흐름을 따랐습니다. 차례대로 읽으면 예수님 승천 이후부터 시작되는 교회사의 큰 흐름이 잡힐 것입니다. '역사의 해시계'로 불리는 이스라엘에 대해서는 주요 사건을 1장과 4장에 몇 번 다루었습니다. 다만 20세기 중반 이후의 다양한 양상은 논란의 소지가 있고, 아직 진행 중인 것도 있어서 다루지 않았습니다. 부록에는 교회사에 등장하는 인물들의 에피소드 자료를 발굴해 삽입했습니다. 인물의 이름과 지명, 고유 명사 등은 색인으로 만들어 찾아보기 쉽도록 정리했습니다.

아울러 이 책은 제가 쓴 책 중에 관련 자료를 가장 많이 참고한 책입니다. 온·오프라인에서 자료들을 찾아 연도와 사실관계 등을 교차 점검하고 여러 번 확인했습니다. 참고한 책과 자료는 모두 공신력을 인정받은 것들이며, 신약교회 사관에 근거한 교회사의 대가 정수영 목사님의 저서들이 큰 참고가 되었습니다.

역사는 승자의 기록이라고도 합니다. 이긴 자가 자신의 부끄러운 역사를 미화하려 하기 때문입니다. 하지만 단지 듣기 좋은 이야기보다는 객관적 사실이 중요합니다. 그래야 과거를 바탕으로 더 나은 미래를 열어갈 수 있습니다. 그런 의미에서 '역사를 잊은 민족에게 미래는 없다'라는 말이 무겁게 다가오는 것이겠지요. 정확한 역사는 밝은 미래를 여는 나침반이 될 것입니다. 객관적인 역사 중에서 좋은 것은 좋은 것대로, 부끄럽고 잘못된 것은 또 그대로 살펴보면서 바른 신앙의 길을 모색하는 일에 이 책이 쓰이기를 바랍니다. 기존 교회사가 조금은 딱딱하고 어렵게 느껴지는 남녀노소 성도들과 학생들은 물론, 교회사를 설명하기가 애매한 교회학교 교사나 교육부 목회자님들에게도 쉽게 활용되었으면 합니다.

교회사를 살펴보면 해 아래 새것이 없고, 역사는 반복된다는 말이 실감 납니다. 또한 역사는 도전과 응전, 작용과 반작용이라는 말에도 공감할 수 있습니다. 역사 속의 모든 문제는 하나님이 아닌 인간이 주인공이 될 때 그 길에서 틀어지며, 한 번 잘못 나간 일은 바로잡기가 매우 힘들다는 사실도 알 수 있습니다. 그럼에도 하나님은 신실한 사람들을 매 순간 사용하셔서 역사를 이어 가시고, 한쪽 문이 닫히면 다른 문을 보여주시며 절망한 인류에게 살길을 친히 열어오셨습니다.

역사를 제대로 아는 것은 중요합니다. 역사를 알면 성도들과 교회가 걸어온 길이 보이고, 걸어갈 길이 보입니다. 마지막 때의 역사도 바로 성경이 말씀한 대로 이루어질 것이기 때문입니다. 예수님의 재림도 이제 역사의 한 대목이 될 것입니다.

저의 책을 아껴주시는 독자님들께 감사드립니다. 항상 유익하고 알찬 콘텐츠를 전달하기 위해 더 연구하며 아이디어를 내고자 애씁니다. 또한 제가 운영하는 〈바이블로그〉를 찾아주시는 분들께도 감사합니다. 책에 실리지 않은 수많은 글이 있으니 많이 방문하시기 바랍니다.

부족한 책을 흔쾌히 추천해주신 존경하는 정수영 목사님께 진심으로 감사드립니다. 더욱 강건하셔서 집필 중인 책들의 출간과 후학 양성이 주님 은혜 가운데 순조롭게 진행되기를 기도합니다. 이 책을 통해 재림의 귀한 소망이 되살아나고, 모든 역사(歷史)에 함께하신 하나님의 역사(役事)가 널리 알려지길 기대합니다.

2021년 6월

김재욱

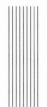

# 교회사 주요 사건을
# 균형 잡힌 시각으로 선별한 양서

40여 년 교회사를 가르치며 저술 활동을 이어온 역사학자로서, 이 책을 추천하는 데는 몇 가지 이유가 있다.

첫째, 서양 교회사 내용 중 비교적 고르게 주제들을 선정했다.

2천 년 교회사의 내용은 너무 방대하다. 그렇기에 어떤 주제를 선별해 소개하느냐는 역사 전체를 설명하는 데 매우 중요한 부분이다. 교회사의 특정 주제를 선별하는 과정에서 편파적인 책이 되기도 하는데, 작가가 선별한 74개 항목은 포인트가 될 만한 주제를 고르게 선정하려는 노력이 엿보인다. 전체 교회사의 개관을 제대로 파악할 수 있도록 편성한 장점이 있다.

둘째, 건전하고 바른 시각으로 집필했다.

역사는 과거에 대한 현재의 해석이다. 저자가 어떤 인생관, 가치관, 세계관을 가졌느냐에 따라 역사의 해석은 달라진다. 실제 교회사를 다룬 수많은 책이 저자가 처한 상황을 옹호하고 주장하는 편견적 설명서가 대부분이라 아쉬움이 컸다. 그러나 이 책은 특정 부류의 편에 서 있지 않고, 자기만의 개성이 담긴 바른 역사관으로 전체를 설명한다. 이 같은 역사 소개는 특정 편견을 갖지 않도록 차단하는 건전한 시각이며, 따라서 그만큼 가치가 크다.

셋째, 역사를 시각적으로 이해할 수 있도록 이미지 자료를 배치했다.

주제마다 이미지 자료를 함께 볼 수 있도록 구성해 독자의 이해를 돕고, 지루함을 없앴다. 읽는 이들을 배려한 구성이 돋보인다. 역사적 사실과 자료를 견주어보는 재미가 있을 것이다.

사라져가는 과거 교회사에 대한 관심이 이 책을 통해 새롭게 각성되길 바란다. 교회사를 공부하는 이에게 좋은 참고서가 될 것으로 믿고, 많은 사람이 읽길 추천한다.

평촌에서

정수영 목사

**정수영 목사**

1965년부터 목회자로 활동했으며, 1982~2012년까지 30년간 교수로도 활동했다. 교수로 활동 중에 《새 교회사 1, 2》(1991~1993)를 비롯해 몇 권의 역사서를 저술했고, 은퇴 후 《초대교회사》와 《종교개혁사》(2012), 《교부시대사》(2014), 《중세 교회사 1, 2》(2015~2017)를 각각 출간했다. 그리고 지금은 '근대 및 현대 교회사'를 집필 중에 있으며, 이후 '한국 교회사'까지 집필해 사역을 완수할 계획이다.

## 차례

머리말      **5**

추천사      **8**

### 1장

## 고대 교회사(AD 1~590년)

### 기독교 박해와 공인… 극단의 역사를 오간 시대

1. 예수 그리스도는 시대가 인정한 실제 인물이자 역사였다      **16**

2. 기독교 신앙은 가톨릭이 아닌 유대교에서 나와      **18**

3. 신약교회의 시작은 오순절 직후로 추정돼      **20**

4. BC(주전)와 AD(주후)의 정확한 의미      **22**

5. 폭군 네로 황제, 초대교회 성도들 잔인하게 핍박해      **24**

6. 사도 바울과 열한 사도, 요한 빼고 모두 순교해      **26**

7. 로마가 기독교를 300년간 극심하게 탄압한 이유      **28**

8. 유대인들, 로마 장군 타이투스에게 예루살렘 함락당해      **30**

9. 유대인의 마지막 반란과 이스라엘 땅의 역사      **32**

10. 사도들의 제자인 초기 교부들, 많은 가르침과 업적 남겨      **34**

11. "예수님은 날 버리지 않으셨는데…" 폴리캅의 감동적 순교      **36**

12. 성도들의 은신처, 로마의 카타콤과 카파도키아 지하 도시      **38**

13. 밀라노 칙령, 박해의 시대에서 기독교 공인의 새 시대로      **40**

14. 콘스탄티누스 1세, 여러 업적으로 기독교에 가장 큰 영향 끼쳐      **42**

15. 콘스탄티누스 1세의 어머니 헬레나는 성상 숭배의 원조 격      **44**

16. 성탄절은 동지, 부활절은 춘분… 이교들의 축제와 혼합돼      **46**

17. 히포의 어거스틴, 미화된 성인의 양면성 함께 봐야     **48**

18. 구약 39권, 신약 27권⋯ 66권을 정경으로 확립해     **50**

19. 외경과 위경 그리고 정경 채택의 기준은 이것     **52**

20. 영지주의, 신플라톤주의 등 위험한 이단 사상들 이어져     **54**

### 2장

## 중세 교회사(AD 590~1517년)
#### 교회의 타락과 분열, 횡포⋯ 혼란의 암흑시대

21. 성모 마리아에 관한 믿기지 않는 황당 교리들     **58**

22. 무함마드가 섬긴 이슬람의 알라, 하나님으로 오해받아     **60**

23. 이슬람의 주요 교리와 예루살렘 성전 터에 선 바위의 돔     **62**

24. 동서 교회의 분리로 동방정교회 탄생해     **64**

25. 십자군 전쟁, 신을 앞세운 기독교와 이슬람의 긴 싸움     **66**

26. 중세 교황들의 부패와 타락상, 상상을 초월해     **68**

27. 이단으로 내몰린 신약교회주의자들의 피 흘린 발자취     **70**

28. 중세에도 갖가지 기독교적 미신 사상들 유행해     **72**

29. 로마 가톨릭교회가 제정한 비성경적이고 불합리한 교리들     **74**

30. 면벌부, 교회의 가장 큰 수입원이 되다     **76**

31. 흑사병 발생으로 유럽 인구의 3분의 1 목숨 잃어     **78**

32. 종교개혁의 밑거름이 된 존 위클리프와 롤라드파     **80**

33. 개혁가 얀 후스, 화형당하면서도 적들을 위해 기도하다     **82**

34. 성경 번역자 틴들, 죽어가면서 왕을 위해 기도한 이유는?     **84**

35. 르네상스는 시대 전환의 열망을 담은 문예 부흥 운동     **86**

36. 구텐베르크의 인쇄술, 종교개혁을 위해 예비된 혁명     **88**

## 3장

## 종교개혁사 (AD 1517~1648년)
### 오직 믿음, 다시 성경으로… 개혁과 격동의 시대

37. 마르틴 루터, 95개조 반박문 게시… 예상 밖의 일파만파    **92**
38. 종교개혁의 단초가 된 95개조 반박문의 내용은?    **94**
39. 절반의 성공에 그치게 한 종교개혁의 동상이몽    **96**
40. 루터의 아내 카타리나는 루터가 탈출시킨 수도원 수녀였다    **98**
41. 방대한 저술과 업적을 남긴 루터는 진정한 천재 신학자    **100**
42. 츠빙글리, 스위스 종교개혁 운동을 이끈 종교개혁가    **102**
43. 장로교의 창시자 존 칼빈, 기독교 교리 집대성해    **104**
44. 칼빈주의와 알미니안주의 구원관의 교리적 충돌    **106**
45. 교황 친위대 제수이트 설립한 로욜라의 개신교 말살 음모    **108**
46. 구교와 신교의 갈등 격화와 30년 전쟁    **110**
47. 영국 의회 테러 노린 화약음모사건과 가이 포크스 가면    **112**
48. 킹제임스 성경 반포, 교황 권력에 맞선 영어성경의 등장    **114**
49. 메이플라워호를 탄 청교도, 신앙의 자유 찾아 신대륙으로 떠나    **116**
50. 청교도들의 흑역사… 아메리카 식민지의 마녀사냥    **118**
51. 웨스트민스터 회의와 신앙고백의 제정    **120**

## 4장

## 근현대와 이스라엘 역사 (AD 1648~현재)
### 신앙의 자유와 대각성… 부흥과 선교의 시대

52. 존 버니언, 성도의 삶에 큰 영향 미친 《천로역정》 집필해    **124**
53. 조지 폭스와 퀘이커 교도들이 벌인 신비주의 운동    **126**

54. 경건주의 운동, 기독교의 깊이를 한층 더하다　　　**128**

55. 존 웨슬리와 찰스 웨슬리 형제의 회심과 감리교의 태동　　　**130**

56. 프랑스 대혁명, 인권이 종교를 단죄한 충격의 시대　　　**132**

57. 1800년대를 '선교의 세기'로 만든 황무지의 선교사들　　　**134**

58. 찰스 스펄전, 설교의 황태자로 불린 침례교 목사　　　**136**

59. 초등 학력의 무디, 1억 명에게 복음 선포해　　　**138**

60. 찰스 다윈의《종의 기원》이 교회와 성경에 미친 영향　　　**140**

61. 영감 넘치는 찬송가를 지은 사람들　　　**142**

62. 초기 미국 교회와 1, 2차 영적 대각성 운동　　　**144**

63. 몰몬교, 안식교, 여호와의증인… 이단 종파들의 태동　　　**146**

64. 크리스천 사이언스, 기독교의 탈을 쓴 과학 사상의 등장　　　**148**

65. 사회주의와 소련의 등장으로 러시아 정교회 몰락해　　　**150**

66. 제2차 세계대전과 나치 히틀러의 유대인 대학살　　　**152**

67. 젊은 신학자 디트리히 본회퍼, 나치 독일에 처형당해　　　**154**

68. 이스라엘 민족이 당한 긴 고통의 역사와 성경의 예언　　　**156**

69. 이스라엘, 독립국가 선포로 성경의 예언을 이루다　　　**158**

70. 6일 전쟁, 다윗과 골리앗의 싸움보다 더 경이로운 승부　　　**160**

71. 미국의 '원숭이 재판'이 불러온 공교육의 기독교 금지령　　　**162**

72. 미국 창조과학회의 설립과 창조과학자들의 반격　　　**164**

73. 신지학이 결실을 맺은 뉴에이지 운동의 태동과 부흥　　　**166**

74. WCC / WEA의 대립과 화해 그리고 교회일치운동　　　**168**


부록 : 교회사 인물들의 에피소드　　　**170**

찾아보기　　　**176**

1장

# 고대 교회사

AD 1~590년

기독교 박해와 공인… ─────
───── 극단의 역사를 오간 시대

# 예수 그리스도는 시대가 인정한
# 실제 인물이자 역사였다

영화 〈나사렛 예수〉(1977)

세상 사람들은 성경을 꾸며낸 이야기나 신화를 모방한 이야기라고도 하는데, 심지어 일부 기독인조차 예수님과 하나님을, 자신의 신앙적 목적을 위해 꾸며내거나 과장해 미화시킨 존재로 여기기도 한다. 그러나 예수 그리스도는 역사에 남은 인물이었다.

1세기의 저명한 유대인 역사가 요세푸스는 기독교인도 아니고 교회에 우호적인 사람도 아니었지만, 예수님에 관해서는 단지 '역사' 문제로 이해하고 다음과 같이 기록했다.

"당시 예수라는 현자가 있었다. 그는 기사를 행했고 진리를 기쁨으로 받는 사람들의 스승이었다. 그는 많은 유대인과 이방인을 불러 모았다. 예수는 바로 그 '그리스도'였다. 빌라도가 우리 유대인 유력 인사들의 요청을 받아들여 예수를 십자가에 못 박아 죽였을 때도 처음부터 그를 사랑한 사람들은 그를 버리지 않았다. 이는 대언자들과 그에 관한 만 가지 기사들이 예고했던 대로 그가 사흘 만에 다시 살아나 사람들에게 나타났기 때문이다. 그 뒤로 그의 이름에서 칭호를 얻은 '그리스도인'이라는 집단이 오늘날까지 멸절하지 않고 남아 있다."

《유대인 고대사》 18권 3장에 나오는 내용이다. 1세기에 살았던 요세푸스가 어떻게 전망했든지 간에 2천 년이 흐른 지금까지도, 실제로 그를 본 사람이 다 죽은 뒤까지도 예수와 그를 믿는 그리스도인들은 여전히 그분을 믿고 다시 오심을 기다리며 멸절하지 않고 남아 있다. 예수님이 하나님의 아들로서 이 땅에 인간으로 정말 오셨음을 보여주는 증거로 이보다 더 확실한 것이 있겠는가?

---

**↩ 댓글** **ImChristian** 예수님의 역사성이 부인된다면 신앙하는 이유가 없죠. 그것을 노리는 자들은 성경도 부인함으로써 기독교를 수많은 종교 중 하나로 전락시키려는 의도가 있는 겁니다.

# 기독교 신앙은 가톨릭이 아닌
# 유대교에서 나와

〈세베대의 아들들을 부르심〉(마르코 바사이티, 1510)

우리가 믿는 기독교는 어디에서 출발한 것일까? 물론 기독교는 하나님을 믿고 예수님을 믿는 것이지만 현존하는 형태에 대한 출발점을 물을 때 '천주교' 혹은 '가톨릭'이라고 대답하는 경우가 있다. 그러나 이는 정확한 대답이 아니다. 개신교가 천주교에서 나왔고, 여기에는 기독교의 원형을 회복하고자 하는 의도가 있는 것은 맞지만 기독교의 출발을 천주교 로마 가톨릭이라고 말할 수는 없다.

기독교는 유대교에서 나왔다. 유대교는 물론 하나님의 선민 유대인들의 종교이자 믿음이다. 유대교의 믿음에서 약속된 메시아, 즉 예수님은 유대인이었고, 그분의 제자들도 초기 성도들도 모두 유대인이었다. 복음은 먼저 유대인을 통해, 그다음으로는 유대인 혼혈족, 그리고 이방인에게 차례대로 전해졌다. 예수님이 승천하시기 전에 남기신 말씀에는 이 순서가 그대로 나타난다.

오직 성령님께서 너희에게 임하신 뒤에 너희가 권능을 받고 예루살렘과 온 유대 (유대인)와 사마리아(유대인 혼혈족)에서 그리고 땅의 맨 끝 지역(이방인)까지 이르러 나를 위한 증인이 되리라. 하시니라 | 행 1:8(이하 흠정역)

유대교는 기독교와 다르다. 하나님을 믿는 것까지는 동일하지만 그들은 예수님을 믿지 않으며, 하나님이 에덴동산에서 약속하신 메시아를 아직도 기다리고 있기 때문이다. 그들에게 예수님은 율법 선생인 랍비 중의 한 사람에 불과하다. 물론, 유대인이 구약에 예언된 메시아의 조건을 300가지 이상 충족하는 예수님을 부인하고 있는 것조차도 그들의 아집을 통해 전 세계인을 구원하시려는 하나님 계획의 일부다.

---

**↪ 댓글**   888   유대교는 지금도 있지만 하나님이 진짜 원하신 것은 메시아 예수님과 성령님까지 삼위일체를 믿는 것인데…. ㅉㅉ

# 신약교회의 시작은
# 오순절 직후로 추정돼

〈모여든 사람들 앞에서 설교하는 베드로〉(작자 미상)

교회는 언제 시작되었을까? 교회의 시작은 오순절 마가의 다락방에 성령님이 임하신 뒤에 생긴 예루살렘교회로 보아야 한다(당시에는 지역명을 교회 이름으로 사용함).

예수님이 죽으실 때 신약(新約)은 시작된다. 성전 휘장이 둘로 나뉘면서 모든 성도가 대제사장만 들어가던 성전의 지성소로 들어갈 수 있는 자격을 얻었다. 이후로는 모든 믿는 자들에게 성령님이 임하시며, 각 사람을 집으로 삼아 내주하신다. 성령님을 모신 각 사람은 그리스도의 지체가 되고, 이 모든 사람은 그리스도의 몸을 이루면서 큰 의미의 '교회'가 된다.

신약 성도가 주일에 모이는 장소는 유대인들의 회당 개념이며, 성전을 뜻하지는 않는다. 구원받은 각 성도가 성전이다. 물론 믿는 이 전체를 교회라고 부르지만 회당을 중심으로 모이는 모임도 교회(에클레시아)라고 부를 수 있다.

사도행전 22장에서 회중이 처음 '교회'로 지칭된다.

그때에 그의 말을 기쁘게 받아들인 자들이 침례를 받으매 바로 그날에 삼천 혼 가량이 그들에게 더해지니라 | 행 2:41

하나님을 찬양하며 온 백성에게 호감을 얻으니 주께서 구원받아야 할 자들을 날마다 교회에 더하시니라 | 행 2:47

구원받은 자들을 '그들에게' 더하셨다는 표현이 '교회에' 더하셨다는 표현으로 바뀐다. 그러므로 사도들이 많은 이를 전도하고 침례를 주던 초기 사역 시절에 교회라는 유기적 조직이 생겼다고 보면 된다.

---

**↪댓글** | **교회오빠** | 사도행전 7장 38절에는 모세 시대를 가리키는 '광야 교회'라는 표현이 있지만 그것은 '에클레시아'라는 의미로 어떤 목적을 위해 불러낸 그룹, 모임을 뜻하는 말이고, 신약 시대에 예수님이 세우실(마 16:18) 교회를 뜻하는 것은 아니죠.

# BC(주전)와 AD(주후)의
# 정확한 의미

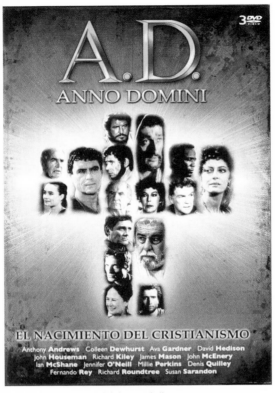

영화 〈아노 도미니〉(1985)

BC와 AD는 주전(主前)과 주후(主後)로 예수님이 세상에 오신 사건을 기준으로 연대를 구분하는 표기법이다. '주전'은 거꾸로 계산하므로 숫자가 커질수록 과거이며, '주후'는 숫자가 커질수록 최근이다.

BC는 영어로 Before Christ, 말 그대로 '주님 이전'이라는 뜻이다. AD는 Anno Domini인데 영어가 아닌 라틴어다. 둘 다 영어라면 당연히 Before와 After로 판단해 AD의 A가 After의 첫 글자라고 짐작하거나, 라틴어의 Anno가 After와 같은 의미일 것으로 생각하기 쉽다. 인터넷에 검색해보면 어떤 정보에 AD를 After Domine(애프터 도미네?)라고 했는데, 이는 애초에 없는 말이다(Domine는 '주여'라는 호격).

Anno는 '해, 년(Year)'이라는 뜻이며, Domini는 '주님의(of our Lord)'를 뜻한다. 그러므로 Anno Domini는 '주의 해', '우리 주님의 해(Year of our Lord)' 등으로 번역되어 BC의 대칭이 되는 '예수님 이후'라는 뜻은 아니다. 모든 시대가 주님의 해라는 표현처럼 생각할 수 있는데, 편의상 사용하지만 엄밀히 말하면 '주후'로 번역할 수는 없다.

AD는 525년에 로마 수도원장 디오니시우스 엑시구스의 《부활제의 서(書)》에서 비롯되었는데, 그가 예수님의 탄생 시점을 계산해 그해를 주후 0년이 아닌 주후 1년으로 시작한 것이다. 한편 AD가 본격적으로 사용되기 시작한 때는 11세기경부터라고 한다.

---

⇒ 댓글  주님제자  왜 특정 종교의 것을 전 세계가 사용하느냐면서 BCE(기원전, Before the Common Era)나 CE(Common Era, 서기, 서력기원)라는 표현을 쓰는 사람도 있더라고요.
   ⇒ what? | 하지만 거의 사용되는 곳이 없죠. 역사의 주인은 예수 그리스도이시니까요.^^

⇒ 댓글  ㅇㅈㅇㅈ  코로나 팬데믹 이전과 이후를 BC(Before Corona)와 AC(After Corona)로 나누기도 하는데, 이런 용어가 등장하는 것 자체가 BC와 AD를 보편적으로 인정하는 것이라고 할 수 있지.

# 폭군 네로 황제,
# 초대교회 성도들 잔인하게 핍박해

**네로 황제 흉상**

AD 54년부터 68년까지 통치한 로마 황제 네로는 광기 어린 핍박자로 잘 알려져 있다. 베드로와 많은 사도가 그의 통치 기간 중 순교했다. 64년 네로의 칙령으로 시작된 기독교 박해는 313년 기독교 공인 때까지 이어졌다.

64년 7월, 인구가 150~200만에 달하던 로마에 큰불이 나서 진화하는 데 6일이 걸렸다. 로마 사가 타키투스는 네로가 방화를 명령했다고 기록한다. 로마시 14개 행정 구역 중 2곳은 전소되고 7곳은 타격이 심했다. 그런데 화재를 피한 구역에 하필 기독교인이 많이 살고 있어서 그들이 방화범으로 몰렸다. 네로는 돌아선 민심을 수습하고자 기독교인을 더욱 박해했다.

로마 시민들은 은신처에 숨어 있는 기독교인을 밀고하고 탄압했으며, 군인들은 기독교인을 발견하면 때리고 고문했다. 네로는 그리스도인들에게 들짐승 가죽을 입혀 개들에게 찢기게 하고, 십자가에 못 박고, 심지어 기름을 붓고 산 채로 높이 매달아 화형을 시켜 어두운 밤거리의 가로등으로 사용했을 정도였다.

게다가 로마 원형경기장 콜로세움에 굶주린 맹수들을 넣고 기독교인들을 함께 집어넣어 물어뜯기고 잡아먹히는 장면을 모두가 관람하도록 했다. 기독교인들은 극심한 두려움을 신앙으로 이기고 함께 기도하며 최후를 맞이했는데, 처음에는 함께 환호성을 지르던 시민들조차 잠잠하고 숙연해졌다고 전해진다.

54년에 즉위한 네로는 1년 만에 자기 동생들 절반을, 60년에는 어머니와 두 아내까지 독살했다. 나중에는 지역 총독들과 측근들까지 그에게서 돌아섰으며, 국가의 적으로 규정돼 도망치다가 자살했다.

---

↪ 댓글  **YouAreFired**  진작 권좌에서 내려왔어야 할 악당일세. 그렇게 많은 성도를 화형시킨 네로는 지금쯤 로마보다 훨씬 크고 뜨거운 불지옥에서 이를 갈고 있겠지!!!

# 사도 바울과 열한 사도, 요한 빼고 모두 순교해

〈세인트 안드레의 십자가〉(마티아 프레티, 1651)

주님을 부인하며 십자가에서 돌아가실 때도 보이지 않았던 제자들은 주님의 부활을 목격하고 180도 달라졌다. 주님의 명령대로 복음을 온 세상에 전하다가 죽더라도 다시 살 것을 믿었기에, 담대하게 그리스도의 복음을 전하다가 세계 각처에서 순교했다. 물론 대부분은 정확한 증거를 찾기 어렵지만, 사도 요한만이 노년의 기록과 사역에 관한 흔적이 남아 있는 것을 보면 모두 순교한 것으로 추정할 수 있다.

사도 요한의 형제 야고보는 헤롯왕에게 AD 44년경 죽임을 당했다. 이 왕은 헤롯 아그립바 1세로, 대 헤롯의 손자다(행 12:1~2).

그 밖에 다른 사도들의 죽음은 전승으로만 남아 있다. 베드로와 형제 안드레는 십자가에 못 박혀서, 바돌로매는 타국에서 이방 왕에게 살가죽이 벗겨지는 등 온갖 고문을 받아 죽었다고 한다. 마태는 이집트와 에티오피아에서, 도마는 인도에서 각각 창을 맞고 순교했다는 기록이 있다. 사도 바울은 64년경 참수형을 당했다.

요한은 사도들 중 유일하게 순교하지 않았다. 전승에 의하면, 도미티아누스 황제 때 그를 핍박해 끓는 기름 솥에 던졌으나 죽지 않았다 해서 '살아 있는 순교자'로 불리기도 한다. 두려움을 느낀 박해자들은 그를 처형하지 않고 밧모섬으로 유배를 보냈고, 요한은 그곳에서 계시록을 집필하며 100세 가까이 산 것으로 추정한다. 요한계시록은 일차적으로는 당시 핍박이 심하던 성도들에게 소망을 주는 내용을 비유와 상징으로 기록한 것이지만, 인류의 마지막 역사까지 모두 예언하고 있다는 점에서 놀라운 책이다.

---

**댓글** ㅠ.ㅠ 그 시대에는 얼마나 고난이 많았을까… 이분들의 머리카락이나 유품을 모셨다는 성당도 있던데, 오해는 하지 맙시다. 아무리 대단한 사람도 우리와 똑같은 성도이고 세인트(Saint)로 불리니까, 천국에 가서 모두 만나볼 수 있겠지요.

# 로마가 기독교를 300년간
# 극심하게 탄압한 이유

〈콜로세움에서 짐승들에게 죽임당하는 성도들〉(1880)

로마는 왜 그렇게까지 기독교를 증오하고 핍박했을까. 잘 아는 역사지만 그 원인을 생각해볼 필요가 있다.

첫째, 로마는 그들이 섬기는 신이 있었다. 하나님과 예수님은 로마가 보기에 이방 신이었다. 또한 기독교를 인정하면 자연스럽게 로마 신을 부정하게 되니 무신론에 해당하는 셈이었다.

둘째, 로마는 수많은 나라를 정복하면서 각 민족이 섬기는 신들을 인정했지만, 그 식민지들 역시 로마 황제를 숭배한다는 조건하에서 한 것이었다. 그런데 기독교인은 황제 숭배를 우상 숭배로 거부하고 삼위일체 하나님을 유일한 신으로 보았기 때문에 그들 입장에선 반역자들이었다.

셋째, 로마인들은 용맹을 자랑하며 검투 등을 즐겼는데, 기독교인은 전쟁을 싫어했고 사랑을 강조했다. 또한 출세 지향적이고 돈을 숭배하는 로마인에 비해 기독교인은 금욕과 절제의 검소한 삶을 지향했다. 로마인 중에는 스물일곱 번이나 결혼한 남자가 있을 정도였지만 기독교도는 한 남자와 한 여자가 가정을 이루었고, 노예를 인정하지 않았다.

끝으로, 그들이 기독교를 잘 모른 탓도 있었다. 주님의 피를 마시고 살을 먹는다는 주의 만찬을 두고는 식인종이라고도 했고, 누구든지 형제 자매라고 부르는 것에 대해서도 도덕적으로 오해했다. 또한 '불의 심판'을 불을 숭배하는 것으로 오해하기도 했다.

이처럼 기독교인은 로마인의 삶의 방식을 인정하지 않는, 여러모로 눈엣가시 같은 존재였다. 이런 오해와 이질감이 대중 혐오와 멸시로 나타나 극심한 박해로 이어진 것이다.

---

↩ 댓글   쯧쯧쯧   우상을 신으로 섬기니 모든 삶이 뒤틀린 로마인들… 기독교인들을 죽이면 너희 신이 진짜가 되냐?

↪ Heaven | 무식하면 용감하다더니. 야만인들이 고결한 분들을 죽이고 괴롭혔군.ㅠㅠ

# 유대인들, 로마 장군 타이투스에게
# 예루살렘 함락당해

〈예루살렘 성전을 약탈하는 타이투스의 군대〉(1797)

로마에 억압당하고 차별받던 유대인들이 AD 66년경 독립전쟁을 벌이는 등 반란과 폭동을 일으키며 저항했다. 지배가 어려워지자 유대 총독은 시리아 총독에게 원정을 요청하는데, 그때 네로 황제가 보낸 사람이 베스파시아누스 장군이었다. 그는 68년에 예루살렘까지 근접해왔는데, 그 무렵 네로의 자살 사건이 벌어져 4명의 장군이 권력 다툼을 벌이자 본국으로 돌아가 황제가 된다.

그는 아들 타이투스 장군에게 유대 정벌을 맡긴다. 타이투스의 군대는 70년 유월절(逾越節)경 예루살렘에 도착하는데, 유대인들은 200만 명이나 예루살렘에 운집해 기도 운동을 펼쳤다. 그러나 그해 4월부터 7월까지 예루살렘 도시의 성벽 외곽을 포위해 모든 출입을 통제하자 유대인들은 식량과 식수의 부족으로 굶어 죽을 위기에 처했고, 결국 예루살렘은 함락되고 만다.

72년, 예루살렘 남쪽 100km 떨어진 마사다에서 유대인들의 마지막 저항이 이어진다. 마사다는 450m 높이의 고지대에 세워진 난공불락의 요새였지만 로마 군인 15,000명은 마사다만큼 높게 흙을 쌓아 올리고 안쪽으로 돌과 화살을 쏘면서 성벽도 차츰 무너뜨렸다. 결국 버티지 못한 천 명 가까운 사람들은 가장들이 부녀자부터 죽인 뒤에 10명씩 조를 짜서 제비 뽑힌 한 사람이 9명을 죽이는 식으로 모두 죽고, 최후 1인은 자결했다.

73년 마사다의 함락으로 모든 저항이 끝나면서 약 140만의 유대인이 죽었고, 10만 명 넘는 사람들이 포로로 잡혀갔으며 많은 사람이 종교 재판을 받고 죽어갔다. 조국의 멸망으로 유럽 전역의 유대인과 패망한 유대인들은 전 세계에서 핍박을 받으며 대대로 디아스포라가 된다.

---

**↪ 댓글**  인과응보 | 와… 예수님을 죽인 대가가 무섭구먼. 그래도 하나님의 백성들이라 그런지 유대인들 정말 끈질기다!

# 유대인의 마지막 반란과
# 이스라엘 땅의 역사

〈시몬 바르 코크바〉(아서 시크, 1927)

AD 132년 하드리아누스 황제가 유대교 예배 제한법을 공포하고, 유대 성전이 있던 자리에 이교 사원을 세우겠다고 발표했을 때 시몬 바르 코크바가 이끄는 무리가 반란을 일으켰다. 3년간 이어진 저항은 그 진압 과정에서 58만 명이 사망했는데, 굶주림과 질병으로 죽은 이들까지 더하면 100만 명이 훨씬 넘는다. 살아남은 자들도 로마 전역에 노예로 팔려갔다.

이후 640년까지 유대 땅에서 로마의 지배가 이어지는데, 이 시기에 예루살렘 폐허 위에 세워진 도시 앨리아 카피톨리나에는 '유대인이 들어오면 죽는다'는 로마의 칙령이 유지되었다. 유대 지방은 이름 자체가 '시리아 팔레스티나'로 바뀌는데, 이 이름에서 지금 이스라엘과 분쟁 중인 '팔레스타인'이라는 지명이 나왔다(출 15:14; 사14:29, 31; 욜 3:4).

640~1090년은 이슬람 시대로 640년경부터 이 지역은 이슬람 세력에 점령당한다. 1090~1291년은 라틴 시대로 십자군 전쟁기다. 이 시기는 팔레스타인 지역에서 로마 가톨릭교회가 예루살렘 성지를 탈환하기 위해 십자군 원정이라는 이름으로 이슬람교도 터키인들과 싸웠던 시기다. 1250~1517년은 맘루크 시대로 이집트와 시리아 일대를 통치하던 맘루크 제국이 지배했다. 1517~1917년은 오스만 터키 제국 시대였다.

1800년대 후반 시온주의의 태동으로 유대인들이 고향 땅으로 돌아갈 수 있다는 꿈같은 희망이 세계 지도층 유대인들로부터 나오기 시작한다. 1917년에는 이스라엘 땅 회복을 천명한 '밸푸어 선언'이 나오고, 1918년에는 팔레스타인 사람들이 흘러와 살고 있던 이스라엘 땅을 영국이 점령한다. 1947년에 나온 UN의 팔레스타인 분할안 이후 1948년에 이스라엘은 정식 국가로 인정받았다.

---

**↪ 댓글** Jerusalem 이스라엘과 계속 영토 분쟁 중인 팔레스타인은 2012년 11월 29일, UN에서 정식으로 국가 지위를 인정받은 상태지만 비회원 옵서버 국가입니다.

# 사도들의 제자인 초기 교부들,
# 많은 가르침과 업적 남겨

**안디옥의 이그나티우스**

예수님의 직속 제자인 사도들을 직접 보고 그들에게 배운 사람들을 교부(Church Fathers)라고 부르며, 속사도(續使徒, Apostolic Fathers)라고도 한다. 교부들은 훌륭한 교사로서 많은 가르침과 저술을 남겼다.

클레멘트(35~99)는 로마교회의 감독이었다. 70년부터 107년까지 안디옥 교회 감독이었던 이그나티우스(?~135?)는 사도 요한과 베드로의 제자였는데, 트라야누스 황제 때 로마 원형경기장에서 맹수에게 찢겨 순교했다. 이그나티우스와 동료였던 폴리캅(69~155)은 서머나 교회의 감독을 지내다가 순교했다. 폴리캅의 동료이자 사도 요한의 제자인 파피어스(60~163)는 히에라폴리스 교회의 감독이었고, 버가모에서 순교했다.

다음 세대의 그리스 교부들 중 폴리캅의 제자로 추정되는 이레니우스(115~202)는 기독교를 변증하고 이단을 비판하는 일을 했다. 알렉산드리아의 클레멘트(160~211)는 알렉산드리아 교리문답 신학교의 수장으로 학생들을 가르치기도 하고 저술 활동도 했다. 그의 제자였던 오리겐(185~254)은 성경 주석과 조직신학 등 많은 저술을 남겼다.

라틴 교부들 중 터툴리안(150~220)은 변호사이자 신학자이기도 했는데, '삼위일체'라는 말을 처음 사용하는 등 982개의 신학 용어를 만들었다. 키프리안(200~258)은 수사학 교수와 변호사로 일하며 기독교로 개종했는데, 발레리아누스 황제 때 순교했다.

초기 교부들은 많은 박해와 열악한 환경에서 살았고, 신약성경이 완성되지 않은 상황이라 지금 기준으로 보면 사상과 처신에 부족함도 많았지만 투철한 신앙심을 지녔고, 탁월한 학자와 교사들로서 정경 완성에도 큰 공을 세운 사람들이었다.

---

**댓글** 제자가되고픈1인 | 어려운 시대에 꼭 필요한 고마운 분들이었네.

# "예수님은 날 버리지 않으셨는데…"
# 폴리캅의 감동적 순교

폴리캅

사도 요한의 제자 폴리캅(69~155)은 서머나 교회의 감독이었다. 그는 스승인 사도 요한이 에베소의 대중목욕탕에서 영지주의자인 이단 케린투스를 만나자 목욕을 하다 말고 서둘러 그곳을 빠져나오며 한 이야기를 전했다.

"진리의 대적 케린투스가 있으니 목욕탕이 언제 무너질지 모르겠군. 서둘러 도망치세."

14장으로 된 빌립보 서신을 쓰기도 했던 폴리캅은 스승의 영향 때문이었는지 이단에 대해 강경한 태도를 보였는데, 그의 순교 역사가 유명하다.

폴리캅은 안토니우스 황제 때 목숨을 위협받던 한 소년의 밀고로 군인들에게 체포되어 서머나 총독에게 재판을 받았다. 총독이 폴리캅에게 예수 그리스도를 부인하면 풀어주고, 제안을 거절하면 화형에 처하겠다고 하자 폴리캅은 이렇게 말했다.

"예수님은 86년 동안 한 번도 내게 해롭게 한 일이 없거늘 내가 어찌 나의 왕 나의 주님을 모독하겠소? 나는 세상의 일시적인 불보다 영원한 지옥 불이 더 두려우니 죽이려거든 당장 죽이시오."

그러면서 총독에게 기독교를 배우고자 한다면 자기 말을 들으라면서 복음을 전하려 했다. 화가 난 총독은 화형을 지시했고, 병정들은 장작더미를 쌓았다. 폴리캅은 불길 속에서 죽어가면서도 간절히 기도했다.

"오, 전능하신 주 하나님… 이 시간 저에게 선을 베푸서서 당신을 높이게 하옵소서. 그리하여 수많은 순교자의 반열에 들도록 하시고, 그리스도의 쓴잔을 마시게 하셔서 영원한 부활에 이르도록 하옵소서. 주님께 무궁한 영광을 돌립니다. 아멘."

---

↪ 댓글  **감동쓰나미**  86세나 된 폴리캅의 용기가 놀랍다. 고통은 순간이고, 그는 지금 천국에서 편히 쉬겠지….

# 성도들의 은신처, 로마의 카타콤과
# 카파도키아 지하 도시

**터키의 카파도키아**

카타콤(Catacombs)은 라틴어 '가운데(Cata)'와 '무덤들(Tumbas)'이라는 단어를 더해 '무덤들 가운데'라는 의미인데, 좁은 통로로 이루어진 지하 묘지를 뜻한다. 고대 로마인들이 무덤으로 사용하던 곳이었지만 전쟁을 피하려는 사람들이 사용하기도 했고, 초기 기독교인들이 박해를 피해 숨어들면서 도시와 교회로 활용되었다.

이 지역들은 로마법상 시내에 매장을 할 수 없었던 시신을 매장하기 위한 곳이었기 때문에 모든 카타콤은 로마 밖 5km 이내에 있었다. 근동의 묘지는 지하 바위를 뚫어 묘실을 만드는 방식이었고, 예수님도 바위 동굴에 3일 밤낮을 머무르기도 했다.

성도들은 카타콤에 많은 벽화를 남기기도 했는데, 그중에는 물고기 표시가 많다. 그리스어(헬라어)로 물고기를 의미하는 이크티스(ΙΧΘΥC, 익투스)는 '예수 그리스도는 하나님의 아들 구원자'라는 말의 이니셜과 같기 때문이다. 성도들은 이 표시를 암호로 서로 신분을 확인했다.

터키의 카파도키아 지역에도 카타콤과 같은 지하 교회가 있어서 관광 명소로 통한다. 이곳에는 가장 거대한 데린쿠유를 비롯해 200개가 넘는 지하 도시가 만들어져 있는데, 성경에 나오는 '갑바도기아'가 바로 이 지역이다(행 2:9; 벧전 1:1). 이곳은 무덤은 아니고 지하 도시인데, 기원전에 주거와 상업의 근거지였지만 4~7세기에는 기독교 수도사들과 성도들이 신앙과 포교의 거점으로 삼았다. 그러다가 이슬람 세력이 지배하던 시기에 탄압받던 기독교인들이 지하로 숨어들면서 8세기 이후 본격적으로 로마 카타콤과 같은 지하 교회가 1,500개 정도 형성됐다.

---

↩ 댓글 | 153fishes | ΙΧΘΥC는 Ιησους Χριστος Θεου Υιος Σωτηρ…. '이에수스 크리스토스 테우 휘오스 소테르' 또는 '이이소이스 크리스토스 쎄오이 이이오스 소티르'라고 읽습니다.

# 밀라노 칙령, 박해의 시대에서 기독교 공인의 새 시대로

〈콘스탄티누스 1세의 꿈〉(라파엘로 산치오, 1520~1524)

초기 성도들은 죽음을 두려워하지 않았고, 어떤 협박도 통하지 않는 존재들이라 신으로 통했던 로마 황제의 통치에 큰 걸림돌이었다. 그렇다고 늘 어나는 성도들을 무작정 죽일 수만은 없었다.

다종교, 다민족 세상을 통합할 대책이 필요했던 상황에서 콘스탄티누스 1세(274~337)는 놀라운 결단을 한다. 313년에 내려진 밀라노 칙령은 황제가 기독교를 국가 종교로 지정한 '종교 통합'이었다. 매일 핍박받던 기독교 목회자들이 국가로부터 봉급을 받을 정도로 완전히 다른 세상이 된 것이다. 종교의 자유가 선포됐지만 이방 종교들은 국가의 지원이 없자 기독교와 섞일 수밖에 없었다.

이 일을 요세푸스(팜필루스) 등의 교회사가들은 기독교의 승리인 것처럼 채색했지만, 그것은 기독교가 합법적으로 변질되는 변곡점이었다. 14세기에 단테가 《신곡》에서 "슬프다! 콘스탄티누스여! 그대를 통해 얼마나 많은 악이 세상에 들어왔던고!"라고 쓰기도 했다.

312년 막센티우스와 전투를 벌이던 콘스탄티누스는 정오가 지날 무렵 하늘에서 십자가 형상을 보았는데 "이 표식으로 승리하리라(Εν Τούτῳ Νίκα)"라는 그리스어가 새겨져 있었다. 또한 꿈에 구세주가 나타나, 이 형상이 그려진 깃발과 함께 전쟁에 나가면 승리한다고 전했고, 그는 꿈에서 본대로 깃발을 만들어 이겼다고 한다. 이 상징은 그리스 알파벳 중 키(X)와 로(P)를 합한 것으로, 그리스도(ΧΡΙΣΤΟΣ)의 첫 두 글자이며 지금도 가톨릭교회의 상징인 일명 '키로십자가'이다. 하지만 이 회심 간증은 조작된 것이었고, 그는 끝까지 태양신 미트라를 섬긴 이교도였다.

---

**↪ 댓글**  **응아니야**  콘스탄티누스 1세의 일요일 휴업령이 태양신 숭배일 예배의 시초라고 주장하는 사람들도 있는데, 그건 아니지. 예수님 부활 후 주(週)의 첫날에 모인 것이 시작이지 (요 20:19). 그게 교회의 전통이 된 거고(고전 16:2).

# 콘스탄티누스 1세, 여러 업적으로 기독교에 가장 큰 영향 끼쳐

**콘스탄티누스 1세 동상**

'콘스탄틴 대제'라고도 불리는 콘스탄티누스 1세는 클로루스 대제와 여관집 딸인 그리스 여인 헬레나 사이에서 272년에 태어났다. 그는 기독교의 물줄기를 완전히 바꾼 인물로, 정직하게 하나님을 섬기는 성도들을 잘 이용하면 자신에게 충성을 바칠 것으로 믿었다.

콘스탄티누스 1세는 이전 디오클레티아누스 황제 때 몰수한 교회 재산을 돌려주기도 했고, 교회 감독 호시우스를 자문역으로 두어 기독교 지도자들의 목소리를 경청했다. 또 원로원의 반대에도 성직자들의 세금을 감면하고 군대 징집을 면제해주었다. 콘스탄티누스는 330년 이탈리아 로마에서 그리스 콘스탄티노플로 천도할 때 부인 소유였던 라테란 궁을 교회에 기증하는데, 그것이 오늘날 바티칸 궁의 기초가 되었다.

그는 또 십자가형을 폐지하고, 검투사 대결 제도를 금지했으며, 죄수의 이마에 인두로 낙인을 찍는 가혹 행위도 없앴다. 간음을 금하고 이혼을 제한했으며, 각종 여성 보호법을 제정하고, 여성 재산 보호권을 도입했다. 일요일을 정해 농부 이외에는 쉬게 했고, 군대 훈련도 금했다.

그의 가장 큰 업적은 그리스 비잔틴에 새로운 로마라 할 수 있는 정치, 종교, 문화의 중심도시인 콘스탄티노플을 건설한 것이다. 비잔티움 제국이라 불린 이 동로마는 476년에 멸망한 서로마에 비해 1453년까지 이어져 천년 제국으로 불렸다.

그는 기독교를 공인했지만 타 종교도 그대로 두었다. 자신도 평생 우상을 섬기는 이교의 대사제였으며 끝까지 침례를 받지 않다가 337년 임종 직전에 급히 받았지만 믿음은 없었다.

---

**↔ 댓글** 병주고약주고 │ 기독교를 공인했지만 기독교의 정신을 서서히 무너뜨린 장본인이군요. 덕분에 가혹한 일들이 사라지고 믿음의 자유가 찾아왔지만 양날의 칼인 듯….

# 콘스탄티누스 1세의 어머니
# 헬레나는 성상 숭배의 원조 격

헬레나가 새겨진 동전(4세기)

지금까지도 성인(聖人)으로 불리는 인물의 머리카락이나 유골, 특정 유적지에서 가져온 물건, 그림 등을 숭배하는 일이 로마 가톨릭에 남아 있다. 이런 일은 언제 시작되었을까.

콘스탄티누스 1세의 어머니 헬레나는 예루살렘에서 예수님이 못 박힌 십자가의 조각이라고 여겨지던 나무와 처형 때 사용되었다는 못들을 가져왔다. 그때부터 성화와 성상, 성물이라고 불리는 것들이 가치를 지니기 시작했고, 사람들 사이에서 유행하기 시작했다.

교회도 그런 성물을 보관하거나, 순교한 사도나 제자들을 기리기 위해 지어졌다. 소박한 모임들을 가졌던 공간은 점점 성화와 성물이 잔뜩 전시된 공간으로 바뀌었고, 하나님께 드리던 기도는 죽은 성자나 동정녀 마리아 등에게 드려졌다. 불교나 힌두교를 비롯한 이방 종교들이 화려한 채색화로 그들의 신을 그린 것처럼 기독교의 문화들도 그림으로, 형상으로 만들어져 곳곳에 세워졌다.

성상에 관해서는 여러 찬반 의견이 있어서, 이를 우상 숭배로 보고 파괴하려는 자들과 그런 물건들을 통해서도 은혜가 임할 수 있다면서 지키려는 자들이 수백 년 동안 논쟁하며 공방을 이어갔다.

지금도 천주교나 정교회에 가면 많은 성인과 천사를 그리거나 동상을 만들어 그 앞에서 기도하는 모습을 볼 수 있는데, 성경은 죽은 자나 어떤 형태의 우상도 섬기지 말라고 가르치고 있다. 개신교에서 사용하는 십자가는 그것 자체를 숭배하는 것이 아니고 단지 교회라는 표시에 불과하며, 궁극적으로는 필요하지 않은 것이다.

---

**↪ 댓글** | onlyJesus | 우상은 '아이돌'인데 요즘은 사람을 우상으로 삼는 일도 많은 것 같아요. 하나님이 기뻐하시지 않는다는 것을 꼭 기억합시다.

# 성탄절은 동지, 부활절은 춘분…
# 이교들의 축제와 혼합돼

**이스터 여신의 부조상**

성경에는 예수님이 태어난 날이 기록되지 않았다. 우선 12월 추운 계절은 아니다. 예수님의 탄생을 알았던 양치기들이 밖에서 양을 치고 있었는데, 이스라엘에서는 12월에 밖에서 양을 먹이지 않기 때문이다. 3년 반의 공생애를 계산하더라도 봄에 돌아가셨으니 탄생은 가을이 맞다.

12월 25일은 밤이 가장 긴 동지(冬至)에 해당한다. 이날을 시작으로 태양신이 다시 돌아온다는 의미로 벌이던 이방의 겨울 축제는 기독교의 축일과 결합된다. 콘스탄티누스가 1월 6일에 지키던 주현절을 태양신 축제일인 12월 25일로 옮기자 기독교도와 이교도 모두가 절충해 받아들였다.

현대로 오면서 산타클로스가 유명해지고, 산타는 하룻밤에 세상 모든 아이에게 선물을 줄 수 있는 신적인 존재로 알려진다. '메리 크리스마스! 해피 뉴이어!'라고 인사하듯이 태양의 떠오름으로 시작하는 새해맞이와 연결되는 이날은 오늘날 모든 사람의 겨울 축제다.

부활절은 '이스터(Easter)'로 불리는데, 인사도 '해피 이스터'이다. 이스터는 튜튼족의 신 중 봄과 새벽의 여신이다. 해마다 밤낮의 길이가 같은 춘분(春分)에 열리던 이스터 여신을 위한 봄 축제가 혼합되었다. 부활절의 원래 명칭은 유월절을 뜻하는 히브리어 '파스카'였는데, 주님의 고난과 부활이 유월절과 같은 시기였기 때문이었다. 부활절은 성탄절보다는 더 근거가 있지만 명칭은 아직도 문제가 있다. 교회의 부활절은 325년 니케아 공회에서 춘분 이후 만월(滿月) 다음에 오는 첫 주일을 지키기로 했다. 이 원칙에 의해 부활주일은 3월 22일과 4월 25일 사이에 결정되는데, 매년 바뀌기 때문에 그날이 주님의 실제 부활일은 아니다.

---

**↪ 댓글** | 끄덕끄덕 | 코카콜라에서 빨간 옷을 입고 등장하면서부터 산타클로스 복장이 빨간색이 됐대. 이젠 예수님보다 더 유명한 성탄절의 주인공이 됐지. 이스터가 아스다롯의 변형인지에 대해 논란이 많지만 이방 여신인 것은 분명하니 예수님의 부활을 모독하는 거 맞음.

# 히포의 어거스틴,
# 미화된 성인의 양면성 함께 봐야

〈어거스틴〉(산드로 보티첼리, 1480)

히포의 어거스틴(354~430)은 기독교에 상당한 영향을 미친 인물이다. 《하나님의 도성》이나 《참회록》 같은 저서도 잘 알려져 있고, 독실한 신자였던 어머니 모니카가 아들을 위해 포기하지 않고 기도했다는 일화도 유명하다.

북아프리카 태생의 어거스틴은 17세에 카르타고로 유학을 했다. 18세에 노예 여성에게서 아들을 낳고, 웅변술에도 심취한다. 마니교에 입교해 9년 동안 고뇌하기도 했고, 플라톤 철학에도 심취했다가, 밀란에서는 수사학을 가르치며 웅변술 교수로 지낸다. 이후 수도 생활을 하던 34세에는 자신을 감화시킨 암브로즈에게 세례를 받고 참회했는데, 아들, 어머니와 함께 고향으로 돌아가던 중 어머니가 사망한다(387). 마음을 추스르며 신비적 명상과 경건 생활에 몰두하다가 391년부터 히포에서 목회를 시작해 35년간이나 지속했다.

어거스틴은 삼위일체론 등에서 명쾌한 신학적 결론을 내고, 많은 저술로 교회에 기여했지만, 공만 있는 것은 아니었다. 그의 저술과 신학은 너무나 넓은 범위에서 다루어진 탓에 16세기의 종교개혁자들조차 그것을 뛰어넘지 못해 가톨릭으로부터 완전한 개혁을 이루지 못했다. 또한 외경을 정경과 같은 비중으로 취급하려 한 점도 있다. 예정론을 주장하면서도, 구원이 지상 교회의 성례를 통해 이루어진다는 모순적 주장을 했다.

그는 도나티스트와의 논쟁에서 지상의 유형 교회의 중요성을 강조하다가 땅의 교회가 하나님의 도성과 같은 것이라고 설명함으로써 신령한 하늘의 소망을 망각하게 만드는 결정적 실수를 하기도 했다.

⇨ 댓글   warning   어거스틴은 플라톤 철학을 기독교적으로 각색해 도입했다는 비판도 받는데요. 프리메이슨에서는 "우주적인 절대자가 로마 시대에는 기독교로 나타났다"는 그의 말을 인용하면서 어떤 종교로든 절대자에게 도달할 수 있다는 종교다원주의를 주장하기도 하더군요.

# 구약 39권, 신약 27권…
# 66권을 정경으로 확립해

카르타고

지금 우리가 보는 성경이 66권으로 정리되기까지는 많은 과정이 필요했다. 구약성경의 율법서인 모세오경은 BC 400년, 예언서는 BC 300~200년, 성문서는 BC 160~105년쯤에 표준 정경(政經, Canon)으로 33권이 채택됐다. 최종적으로는 AD 90년 유대인 랍비 모임인 얌니아 공회에서 총 39권을 확정했다.

신약성경은 교회 안에 이단들이나 다른 사상들이 출현하고, 많은 필사본이 생겨나면서 정경화 작업의 필요성이 대두되었다. 또한 로마의 핍박 때문에 위기를 느낀 성도들은 교회 공동체가 공인한 성경을 모아 보존하고자 했다. 신약성경은 AD 363년 라오디게아 회의를 거쳐 397년 카르타고 공회에서 27권을 정경으로 최종 인정했다.

구약성경은 유대인 사이에서 예부터 인정되던 것들이 있었기에 그리 오래 걸리지 않았지만 신약성경은 긴 시간이 필요했다. 신약이 1세기 안에 다 기록되었고, 바울 서신 등은 AD 100년경, 4복음서는 2세기 말경에 채택되었다. 하지만 27권이 최종 결정되기까지는 400년에 가까운 긴 세월이 필요했다. 엄청난 핍박으로 험난한 세월을 보내느라 교회는 성경을 확립할 여유가 없었고, 너무나 많이 쏟아지는 외경과 위경을 가려낼 자체 능력도 부족했기 때문이었다. 또한 이동 수단이나 교류 방법이 원시적이었던 때라 협의 속도도 느렸다.

성경의 장과 절은 중세 때 붙여졌다. 신구약 각 장(Chapter)은 1227년 캔터베리의 주교였던 랭턴이, 구약의 절(Verse)은 1440년에 나탄이, 신약의 절은 1550년대 인쇄업자 스테파누스가 나누었다고 한다.

---

**↪ 댓글**  　canon　 1560년 제네바에서 출간된 성경의 장절이 오늘 우리가 보는 성경과 같은 것이랍니다.

# 외경과 위경
# 그리고 정경 채택의 기준은 이것

성경 사본을 기록하는 서기관

정경은 여러 사본 중에서 추려진다. 정경으로 채택되지 못한 사본들은 외경(外經)이라고 하며, 외경의 가치도 없는 것은 위경(僞經)으로 분류된다. 구약성경의 외경은 15개 정도가 있었는데, BC 400년부터 예수님 탄생 직전까지 기록된 것이 대부분이었다. 로마 가톨릭은 정경에서 제외된 이 책들 중 7권을 더 채택해 46권으로 만들었다. 그래서 개신교가 신구약 66권을 사용하는 것과 달리 가톨릭은 73권을 사용한다.

신약성경 외경은 복음서 40권, 사도행전 7권, 서신서 4권, 묵시록 10권, 시가서 2권이 있다. 이 책들은 참고는 할 수 있지만 하나님 말씀으로 받아들여지지 않으며, 개신교인의 교회 활동이나 신앙 생활에는 사실상 사용되지 않고 있다.

일찌감치 유대인들이 이미 인정한 구약과 달리, 신약성경 정경화에는 많은 논의와 결정 과정이 필요했는데, 위경과 외경을 분리하고 정경으로 선택하는 기준은 무엇일까?

① 사도성(Apostolicity) : 사도가 직접 썼거나 저자가 사도와의 관계성을 뒷받침할 만한 수준의 책인가? ② 내용(Contents) : 다루고 있는 내용이 영적이며 교리적으로 건전한가? ③ 보편성(Universality) : 교회에서 성도들에게 보편적으로 인정받고 받아들여졌는가? ④ 영감성(Inspiration) : 그 책이 하나님의 영감을 받았다는 증거를 지니고 있는가?

이런 4대 원칙이 기준되었다. 한마디로 이 책들은 하나님의 영감을 지녔고 성도의 삶을 변화시키는 역동적 에너지가 있어서 많은 간증을 탄생시킨 책들이었다.

---

**⇨ 댓글**　ACUI　성경을 순전히 사람의 글로만 생각하는 이들이 교회에도 있지만, 각기 다른 시대를 살았던 40명이 넘는 저자가 어떻게 그 모두를 맞추겠어?

　⇨ wow ｜ 사람이 한 일이라면 이렇게 오류 없이 모두 맞아떨어질 수가 없지~.

# 영지주의, 신플라톤주의 등
# 위험한 이단 사상들 이어져

사도 요한과 마르키온(작자 미상)

이단 사상의 역사는 생각보다 깊다. 대표적인 이단의 역사를 보자.

• 영지주의(Gnosticism) : '영지(靈知)'란 신령한 지식을 뜻한다. 1~3세기 초대교회와 교부들에게 가장 골칫거리였다. 유대교에 뿌리를 두었지만 동방 신비 종교와 그리스 플라톤 철학이 기독교와 혼합된 형태였다. 이 사상에는 이원론, 유출설, 가현설 등이 있는데, 절대자인 하나님이 불완전한 인간으로 올 수 없다며 예수님의 성육신을 부인했다. 하지만 성경은 성육신을 부인하는 자가 미혹하는 적그리스도라고 말씀한다(요이 1:7). 구원은 믿음으로 얻는 것인데, 영지주의는 지식(앎)으로 얻는다고 주장한다.

• 에비온주의(Ebionism) : 1세기에 번성해 5세기까지 영향을 미친 유대주의적 기독교 일파. 이들도 영지주의자들처럼 예수 그리스도의 신성을 믿지 않고 인간으로 오신 예수님만 믿는다. 그리고 유대인의 율법을 지켜야 한다는 주장을 하는 등 유대교와 기독교 혼합주의였다.

• 마르키온주의(Marcionism) : 성부 하나님과 구약의 여호와가 전혀 다른 존재라고 주장한 마르키온을 따르던 사람들이 144년경 세운 종파로, 역시 영지주의와 유사하다. 구약의 하나님은 폭력과 복수의 잔인한 신이고, 신약의 하나님은 사랑과 정의와 용서의 신이라는 비논리적 주장을 했다.

• 신플라톤주의(Neoplatonism) : BC 4세기에 활동한 플라톤은 AD 13세기까지 기독교에 영향을 미쳤다. 신플라톤주의는 3세기경 플라톤, 아리스토텔레스, 스토아학파 등 고대 여러 학파의 사상이 종합된 것이다. 인간의 범죄로 영혼이 육신과 결합했으며, 구원은 영혼만 받는다고 했지만 실제 기독교는 육체도 죽었다가 영화롭게 부활하는 전인구원을 말한다.

---

**⟳ 댓글** | 이단은노답 | 성경은 영지주의적 이단들을 유치한 원리(골 2:18~20), 헛된 말장난(딤후 2:16), 유대인들의 꾸며낸 이야기(딛 1:14), 다른 교리(딤전 1:3)라고 경고하고 있죠. 이단에 빠지면 약도 없습니다. 조심합시다.

# 2장

# 중세 교회사

## AD 590~1517년

교회의 타락과 분열, 횡포… ──
────── 혼란의 암흑시대

# 성모 마리아에 관한
# 믿기지 않는 황당 교리들

〈**하늘의 여왕 마리아**〉(무릴로, 1678)

예수님의 육신의 어머니 마리아를 신격화해온 가톨릭이 만든 황당한 교리 몇 개를 살펴보면 다음과 같다.

- 마리아는 하나님의 어머니이다(431) : 예수님이 하나님의 본체이시므로 마리아가 하나님의 어머니라는 주장이지만, 마리아도 똑같은 한 인간일 뿐이며 죄인이며, 구원자가 필요한 존재다.

- 마리아 숭배 제정(451) : 그러나 예수님은 공생애 시작 때 자신에게 물로 포도즙을 만들라고 하는 마리아에게 "여자여, 내가 당신과 무슨 상관이 있나이까?"라고 하셨다(요 2:4). 마리아는 영적으로 예수님과 같은 위치가 아니고, 신은 더더욱 아니다.

- 마리아 평생 동정녀설(367) : 마리아를 '처녀'가 아닌 '동정녀', 즉 평생처녀라고 주장하기 위해 virgin(처녀)의 앞 글자를 대문자 Virgin으로 쓰기 시작했다. 성경에는 마리아와 요셉 사이에 태어난 예수님의 육신적 동생들이 나오지만 가톨릭은 그들이 사촌이었다고 주장한다.

- 마리아 무염시태 교리(1854) : 마리아가 예수님처럼 죄 없이 잉태되었다는 주장이다.

- 마리아 몽소승천 교리(1950) : 마리아가 하나님의 부르심을 받아 승천했다는 터무니없는 이야기.

이 밖에도 로마 가톨릭교회가 숭배하는 마리아는 예수님과 무관한 '하늘의 여왕'으로, 바벨탑 사건 이후로 사람들이 숭배해온 니므롯의 아내이자 담무즈의 어머니인 세미라미스이다. 이방 종교에서 비너스, 디아나, 아데미, 아스다롯 등으로 나타나며, 그들 모두가 어미와 새끼의 형태로 나타난다. 로마 시대에 이것이 마리아와 아기 예수로 둔갑했다.

---

**↳ 댓글** | 난반댈세~ | 심지어 예수님은 백성의 불순종과 십자가 사건으로 화가 나 있지만, 마리아에게 기도하면 예수님을 설득할 수 있다는 이야기도 하더라고요. 어이 상실입니다.

# 무함마드가 섬긴 이슬람의 알라,
# 하나님으로 오해받아

**초승달이 상징인 이슬람 모스크**

무함마드(마호메트, 570~632)는 아라비아의 메카에서 태어났고, 25세에 카디자와 결혼한 이후 12명의 부인을 두었다가 62세에 죽었다. 그는 글을 몰랐지만 여행 중에 신약성서의 이야기를 자주 듣게 되었고, 40세에는 히라산 깊은 곳에서 천사 지브릴(가브리엘)을 만나 환상으로 계시를 받았다고 한다. '이슬람(Islam)'이란 '순종, 복종'을 뜻하는데, 이슬람교도를 무슬림, 여성은 무슬리마라고 한다.

부유한 과부였던 카디자의 후원을 받은 무함마드는 자기를 알라의 예언자로 지칭하고 추종자들을 얻은 후에 622년 7월 15일을 이슬람교의 시작으로 삼는다. 그는 군대를 조직해 다른 종교들을 공격했는데, 그가 죽던 해에 모든 아랍 국가는 그를 예언자로 추대한다.

무함마드가 이스마엘의 후손이라는 이유로 기독교와 이슬람이 유일신 하나님을 섬긴다고 오해하는 이들이 많지만 하나님은 삼위일체로 존재하시며 알라 같은 유일신이 아니다.

알라는 그들의 상징 초승달처럼 고대의 월신(月神)이다. 알라(Allah)는 원래 알-일라(Al-ilah)로 무함마드 부족 최고의 신이었는데, 무함마드가 유일신으로 주장하면서 이슬람교를 만든 것이다. 그들은 예수님을 아담, 노아, 아브라함, 모세, 무함마드와 함께 여섯 예언자로 꼽는다. 그중 무함마드가 최고 등급이다.

이슬람 경전 꾸란(Quran, 코란)은 무함마드가 20년 동안 천사 지브릴에게 받았다는 알라의 계시를 자기 추종자들에게 적도록 한 책이다. 1인칭의 아라비아어로 되어 있으며 전체 114장, 6,225절이다(나누는 방식에 따라 6,666절로도 구분). 꾸란의 뜻은 독서(Reading)라는 의미다.

---

**↰ 댓글**　**trinity**　이슬람은 수니파와 시아파로 나뉘어 매일 다투고 있죠. 기독교인 테러를 많이 하고, 조혼과 여성 학대 등등 정말 악습이 많은 종교!

# 이슬람의 주요 교리와
# 예루살렘 성전 터에 선 바위의 돔

이스라엘 쪽에서 바라본 '바위의 돔'

꾸란이 가르치는 주요 내용을 6신(信) 5주(柱), 또는 6신(信) 5행(行)이라고 한다. 여섯 가지 믿음과 함께 기둥이 되는 다섯 가지 기본 임무가 있다는 것이다. 6신은 유일신, 천사, 경전, 대언자(예언자), 운명(숙명론), 최후 심판이며 5주는 다음과 같다.

1. 신앙공표(샤하다, Shahadah) : 마음과 입술로 고백하기. "알라 이외에 신은 없으며 무함마드는 알라의 사자이다."

2. 기도(살라, Salat/Salah) : 하루 다섯 번 메카 방향으로 절하며 기도하기. 일출 직전 새벽, 정오, 늦은 오후, 일몰 때와 밤에 하는데, 기도문은 꾸란의 구절을 사용한다.

3. 금식(싸움, Sawm) : 1년에 한 번 라마단 기간에 하는 28일 연속 금식. 이슬람력 9월 낮에만 시행한다(해가 지면 먹는 것이 허용됨).

4. 구빈(자카, Zakat/Zakah) : 수입의 일부분을 구제에 기부. 매년 자기 재산의 40분의 1(2.5%)을 기부하는 자선 활동이다.

5. 성지순례(하쯔, Hajj) : 일생에 최소한 한 번 메카로 순례 떠나기. 모든 무슬림의 강제 의무로 이슬람력 12월에 시행한다.

현재 예루살렘 성전 터에는 이슬람 사원 '바위의 돔(앗 사크라)'이 들어서 있다. 우마이야 왕조의 칼리프인 알마리크가 691년에 완공했지만 1015년에 무너져 1022년에 재건했다. 그들은 그곳에서 무함마드가 승천했다고 주장하기 때문에 이슬람의 주요 성지다. 바위의 돔은 전시용이고, 진짜 성지 '알 아크사'는 바로 앞에 있는 다른 모스크다. 이곳은 기독교, 유대교, 이슬람교의 공통 성지이면서 제3성전이 들어설 곳이라 태풍의 눈이다.

---

**⇨ 댓글** 　속지마셈　사우디아라비아가 이슬람의 종주국이고, 국기에 새겨진 글귀가 바로 "알라 외에 신은 없으며 무함마드는 알라의 사자이다"이죠. 우리나라 이슬람 사원에는 "하나님 외에 다른 신은 없습니다. 무함마드는 그분의 사도입니다"라고 되어 있어 오해의 소지가 있죠.

# 동서 교회의 분리로
# 동방정교회 탄생해

러시아 정교회 '성 바실리 성당'

1054년에는 교회가 서방교회(로마 가톨릭)와 동방교회(정교회)의 두 체제로 분리되었다. 로마를 기반으로 한 가톨릭교회가 교황 제도를 도입해 교회 전체를 대표하려 하자 동서양 교회 간의 이견이 커지게 되고, 교리들도 맞지 않아 결국 나누어졌다. 정교회는 로마 교황을 다른 주교들보다 높은 위치로 인정하지 않았으며 주교 이외의 성직자들은 혼인이 가능하다는 입장에서도 달랐다.

동방정교회는 예루살렘, 안디옥, 알렉산드리아, 콘스탄티노플 등지를 배경으로 가톨릭교회로부터 분리되었다. 서방교회가 십자군을 통한 콘스탄티노플 공격 사건 등으로 비잔티움 제국과 대립하면서 양 교회는 더욱 멀어졌다. 1453년 콘스탄티노플은 오스만 제국에게 멸망함으로써 콘스탄티노플 총 주교하의 동방정교회는 19세기 중엽에 그리스가 터키로부터 독립하기까지 터키의 지배를 받았다. 그 기간에는 러시아가 정교회를 대표하는 중심 국가였다.

오늘날 동방정교회는 콘스탄티노플을 중심으로 안디옥, 알렉산드리아, 예루살렘 교회 등 초대로부터 이어져온 4개의 총대주교좌와 그리스, 러시아, 조지아, 세르비아, 루마니아, 불가리아, 키프로스, 알바니아, 폴란드, 체코슬로바키아 등 동등한 권한을 지닌 10개의 독립 교회로 되어 있다.

정교회는 마리아와 성인 숭배 등 많은 교리가 비슷하지만 예수님의 십자가 형상 이외의 성상 제작은 금기시한다. 가톨릭교회, 개신교와 함께 그리스도교의 3대 분파로 분류되는 정교회는 현재 2억 5천만 정도의 신자가 있으며 국내에도 소수의 정교회와 신자들이 있다.

---

**↪ 댓글** | 도긴개긴 | 한국 정교회는 콘스탄티노폴리스 총대주교청 소속이며 서울, 부산, 울산, 춘천, 전주, 양구, 가평 등에 성당이 있죠. 분위기는 천주교랑 대동소이합니다.

# 십자군 전쟁, 신을 앞세운
# 기독교와 이슬람의 긴 싸움

백마 위의 라이더(14세기)

십자군 전쟁이란 넓은 의미로는 중세 때 라틴교회, 사실상의 가톨릭교회가 십자군을 통해 하나님의 이름을 앞세워 일으킨 전쟁들을 뜻하는데, 흔히 빼앗긴 성지를 이슬람 세력으로부터 탈환해 교황권을 되찾기 위해 지중해 동해안 지역에서 일어난 전쟁들을 가리킨다.

국가들이 제대로 서기 전의 불안한 유럽 상황에서 예루살렘 성지순례는 사람들에게 정신적 위안을 주었다. 638년에 이슬람교 제2대 칼리프가 예루살렘을 정복한 뒤로 성지가 파괴되기는 했지만 성지순례에 큰 지장은 없었다. 그러나 1075년에 터키 군대가 성지를 점령한 뒤로는 순례자들을 훼방하기 시작했다. 또한 이슬람 세력인 셀주크 왕조가 1085년에 안디옥을 점령하고, 터키가 니케아까지 지배하자 비잔티움 제국의 위기를 느낀 알렉시우스 콤비누스 황제는 서방 국가들에 원조를 요청했다.

로마 가톨릭 교황청은 이때 동로마의 비잔티움 제국을 도우면 갈라진 동서 교회가 다시 만날 수 있으리라고 기대했고, 성지 탈환이 당연한 의무라고 여겼다. 물론 이를 통해 교황권의 확립을 노린 부분도 있었다. 1095년 11월 11일, 교황 우르바누스 2세는 클레르몽 회의를 통해 기독교인은 군대에 지원해야 함을 특별 교령으로 발표했다. "그리스도의 명령이다. 주님을 위해 전쟁을 하다가 죽는 자는 즉시 모든 죄를 용서받을 것이다"라는 내용이었다.

이렇게 시작한 10회의 십자군 전쟁은 1492년에 종결되었지만 성지 탈환에는 실패했다. 양쪽 군대와 민간인 약 20만 명이 사망했을 것으로 추정한다.

---

➡ 댓글  백해무익  누구를 위한 전쟁인지…. 이 전쟁을 통해 이슬람은 더 공격적으로 바뀌고, 십자군들은 부패해서 가는 데마다 민폐를 일으켰다던데…. 교황의 말을 믿고 죽은 자들만 불쌍하네.

# 중세 교황들의 부패와 타락상, 상상을 초월해

교황 이노센트 3세

중세에 로마 가톨릭의 수장인 교황들의 악행은 상상을 초월할 정도였다.

교황 세르지오 3세(904~911년 재위)는 살인을 통해 교황직을 얻은 후 불법 사생아를 낳은 인물로 로마교회 역사연감에 등장한다. 그의 어머니 테오도라는 교황의 첩인 마로치아와 함께 이른바 '창녀들의 통치 시대(904~963)'로 불리는 시기를 열었다.

이후 테오도라는 자신과 부적절한 관계였던 교황 요한 10세(914~928)를 자리에 앉혔다가 질식시켜 죽인다. 교황 레오 6세(928~929)를 앉히기 위해서였다. 그러나 레오 6세도 다른 여인과의 관계를 질투한 테오도라가 암살했다. 이후 십 대였던 요한 11세(931~935)가 교황이 되는데, 그는 마로치아의 아들이었다. 그 역시 어머니의 정적들과 싸우다가 투옥된 뒤 음독으로 사망했다.

요한 11세의 조카인 요한 12세(955~964)는 교황청을 창녀촌으로 만들었다는 평가를 들으면서 교회 물품 절도, 성직 매매, 위증, 살인, 간음, 근친상간 등으로 고소당했다. 버티던 요한 12세는 추기경과 로마 궁전 관리의 팔과 코와 귀를 자르는 등 피의 복수를 저질렀으며, 964년에 간음 중 마비병에 걸려 8일 후 사망했다.

이후에도 요한 15세, 베네딕트 8세와 9세 등 많은 교황이 살인과 간음을 저질렀고, 이노센트 3세(1160~1216)는 인류 역사상 가장 극악무도한 종교재판소를 세워 백만 명이 넘는 무죄한 신앙인들을 죽였다. 이 모든 기록은 반대파의 주장이나 소문만이 아니라, 모두 '가톨릭 백과사전' 등에 나오는 역사적 사실에 따른 것이다.

---

**↪ 댓글** 　천주교not기독교　사실 중세뿐만 아니라 모든 시대에 걸쳐 보니파스 8세, 알렉산더 3세, 요한 23세, 비오 2세, 식스투스 4세, 이노센트 8세, 알렉산더 6세, 바오로 3세, 레오 10세 등 많은 교황이 살인과 간음과 불법 결혼에 연루돼 있었지.

# 이단으로 내몰린
# 신약교회주의자들의 피 흘린 발자취

〈몬타니스트〉(귀스타브 도레)

유대교에서 시작된 기독교는 313년 콘스탄티누스 1세에 의해 공인되고 로마의 공식 종교가 됐지만, 이런 변화를 정치적 타협이자 신앙의 정도를 벗어나는 것으로 여기고 자신만의 길을 고집한 이들이 있었다.

구약적 율법주의를 섞어 변질된 기독교를 만드는 데 반대하고 참된 신약교회의 원리를 지향했던 이들은 왕과 교황과 국가에 의해 이단으로 규정되어 박해를 받고 피를 흘리며 죽어갔으며, 기존 가톨릭교회의 문제를 혁파하려 했던 종교개혁자들과도 논쟁을 벌였는데, 그 과정에서 이들에게도 탄압을 받았다.

이들의 주장에는 다소 특이한 교리도 일부 있었지만, 성경에 더 부합하는 주장이 많았다. 예컨대 스스로 믿어 신앙을 고백할 수 없는 아기에게 유아세례를 베푸는 일은, 그들이 성인이 된 뒤 어린 시절 받은 세례 때문에 천국 간다고 착각할 수 있으므로 구원 기회를 빼앗는 것과 같다고 했다. 유아세례를 받은 자도 다시 침례(세례)를 받아야 한다는 의미다. 이것은 재침례파의 주장이었지만 다른 시대의 신약교회주의자도 같은 취지의 주장을 했다.

이들은 주로 신앙의 특징이나 지역명 또는 지도자의 이름으로 불렸다. 몬타니스트(2세기), 노바티안파(3세기), 도나티스트파(4세기), 프리스킬리안(4세기), 바울파(7세기), 보고밀파(10세기), 알비파(10세기), 아놀드파(12세기), 왈도파(12세기), 후스파(15세기), 재침례파(16세기), 위그노파(16세기), 메노파(16세기), 모라비안 형제단(18세기) 등이 그들인데, 발생 이후 현재까지 명맥을 유지하는 분파가 있다.

---

**↪ 댓글**　신약성도　주님이 새로운 상속언약으로 허락하신 신약 성도를 왜 사람들은 핍박했을까. 이들에 대한 이야기는 《순례하는 교회》, 《재침례교도의 역사》 같은 책에 잘 나와 있음.

# 중세에도 갖가지 기독교적
# 미신 사상들 유행해

〈천사장 미카엘〉(루카 조르다노, 1663)

중세에는 그럴듯하면서도 모호한, 기독교를 바탕으로 한 미신이 판을 쳤다. 한국의 많은 이단이 기독교를 기반으로 하는 것과 비슷한 모양새다. 그중 몇 가지를 소개한다.

• 천사 예배 : 천사들은 하나님의 백성을 섬기라고 보내신 하나님의 종들이며, 지금은 천사가 더 뛰어난 능력을 지녔지만 천국에서는 그들이 우리를 흠모하게 될 것이다. 하지만 예부터 이들을 숭배하는 사상이 있었고, 787년 제2차 니케아 공회에서는 천사 예배가 제정되기까지 한다. 초기 교부들은 천사 예배나 기도를 우상 숭배로 가르쳤지만, 콘스탄티누스 1세는 콘스탄티노플 인근에 교회를 짓고 그곳에 천사장 미가엘이 나타났다며 봉헌했다. 이것이 시초가 되어 9월 29일을 미가엘 축일로 지금까지 지켜오고 있다. 이는 명백한 미신이자 우상 숭배다.

• 성모 예배 : 마리아에 대한 과도한 해석은 미신으로 번졌다. 4~5세기의 알렉산드리아 감독 시릴은 승천하신 예수님의 몸은 인간의 몸이 아니므로 예수님을 낳은 마리아를 '하나님의 어머니'로 불러야 한다고 주장했다. 또한 많은 이가 마리아를 '거룩한 어머니'로 불렀다. 이런 움직임은 동서 교회에 모두 존재했다. 로마 가톨릭교회는 11월 21일을 성모 마리아 동정녀 봉헌 축일로 지키는 등 마리아의 날을 여럿 제정했다.

• 성인 예배 : 성자(聖者)는 영어로 세인트(Saint)이며 성인, 성도와 같은 말이지만 가톨릭교회는 특별한 업적을 남긴 자들이 죽으면 성인으로 추대해 그들에게 예배하며 기도하게 했다. 또한 그들의 유품과 흔적, 성화와 성물 숭배도 계속했다.

---

→ 댓글 │ 우상타파 │ 기독교가 저토록 속히 변질되었다니…. 하긴 신천지(이만희), 하나님의교회(안상홍), 영생교(조희성), 천부교(박태선) 등 현재 한국의 많은 이단이 기독교를 기반으로 하는 것과 비슷한 이치겠죠.

# 로마 가톨릭교회가 제정한
# 비성경적이고 불합리한 교리들

〈고해성사〉(주세페 몰테니, 1838)

로마 가톨릭교회는 다양한 비상식적 교리와 법을 제정했다.

• 죽은 성자와 순교자에 대한 기도(787) : 주요 인물이 죽으면 성인으로 추대해 그림과 형상을 만들고 기도하면 효험이 있다고 주장했다.

• 사제 독신 규정(1079) : 사제와 수녀는 결혼해선 안 된다고 한 것으로 다산하고 번성하라는 하나님의 명령에 위배된다.

• 종교재판소 설립(1184) : 공식적인 정죄가 가능한 기관을 만들어 많은 선량한 그리스도인들을 이단으로 몰아 처형했다.

• 화체설 제정(1215) : 사제의 축사를 통해 빵과 포도주가 화학적 변화를 거쳐 예수님의 실제 살과 피가 된다고 주장했다.

• 고해성사 제정(1215) : 인간인 사제가 죄를 듣고 특정한 벌로 대체해 용서해주는 비성경적인 일이다.

• 성경을 금서로 규정(1229) : 민초들이 알아듣지 못하는 라틴어로만 미사를 드리며 성도가 성경 읽는 것조차 금했다. 또한 영어 등 민간인의 언어로 성경을 번역하는 행위를 일절 금하여 그런 일을 하는 자들을 처형하고, 이미 번역된 것은 모조리 불태웠다.

• 연옥설 제정(1274) : 성경에 없는 예비 지옥을 말한다. 죽은 자가 연옥에 대기하고 있으면 지상의 가족들이 헌금과 기도를 할 때마다 점점 더 나은 곳으로 옮겨져 천국으로 간다는 것이다.

• 교황무오설(1870) : 예수 그리스도가 자신의 권세를 사도직의 계승자인 로마 교황에게 맡겼으므로 공회의 결정이나 교황의 선언 등에는 오류가 없다는 선언이다.

---

**⊷ 댓글** | **누구냐넌?** | 가톨릭교회의 미사는 예수님이 끝낸 구약의 희생 제사를 매번 다시 드리는 일이므로 주님이 세상의 모든 죄를 단번에 영원토록 제거하신 사실을 무효로 만드는 행위다. 성경의 반대로만 하는 가톨릭교회… 진정한 이단 아닌가?

# 면벌부,
# 교회의 가장 큰 수입원이 되다

예루살렘 총대주교가 발행한 면벌부(18세기)

돈으로 사람의 죄를 씻어 형벌을 면하게 해준다는 것이 면벌부(면죄부)다. 로마 가톨릭교회는 1190년부터 면벌부를 발행해 판매하기 시작했다. 지옥을 두려워하는 사람들의 심리를 이용해 돈벌이를 한 것. 16세기에는 이렇게 모은 돈을 성 베드로 성당 등의 대형 건축물을 축조하는 일에 활용하기도 했다.

그들이 발행한 1517년의 한 면벌부에는 도미니쿠스회 수사의 얼굴과 십자가와 가시관, 불타는 심장이 그려졌다. 위쪽 양 모퉁이에는 그리스도의 못 박힌 손이 있고, 아래 구석에는 그분의 발이 있다. 앞뒤로는 다음과 같은 내용이 있다.

"이것이 그리스도의 거룩한 옆구리에 난 상처의 길이와 폭이다. 이 상처에 자주 입 맞추는 사람은 7년간 죄를 용서받는다. … 이 십자가를 40배 곱한 길이가 그리스도가 인성을 지녔을 때의 키이다. 이 그림에 입 맞추는 사람은 급사와 와병과 뇌출혈로부터 7일간 보호를 받는다."

또한 당시 교황의 문장이 걸린 붉은 면벌부의 십자가는 그리스도의 십자가와 똑같은 효험이 있다고 했을 정도였으며, 면벌부는 그것을 받는 사람을 세례보다 더 깨끗하게, 낙원의 아담보다 더 순결하게 해준다고 했다. 그래서 면벌부 판매상은 성 베드로보다 더 많은 사람을 구원한다는 황당한 선언까지 있었다.

이런 것을 가톨릭교회가 공식적으로 판매하니 성경도 읽지 못하고 교리도 모르는 백성들은 믿든 안 믿든 돈을 주고 살 수밖에 없었다. 교회는 그렇게 해서 어마어마한 돈을 모았다.

---

**⇨ 댓글** 천인공노 무당 부적도 아니고 저게 뭐람…. 돈으로 무엇을 할 수 있다는 건가. 속죄의 대가는 어떤 것으로도 지불할 수 없기 때문에 공짜이고, 믿음만 요구되는 거다. 돈은 운영에 필요하지만 거짓말이나 강요로 하는 모든 헌금은 하나님이 원치 않으신다.

# 흑사병 발생으로
# 유럽 인구의 3분의 1 목숨 잃어

〈역병 희생자를 위해 탄원하는 성 세바스티아누스〉(조세 리페랭스, 15세기)

1347년경 흑사병(Black Death)이 발생해 유럽과 소아시아를 휩쓸었다. 이 질병으로 14세기에 유럽 인구 3분의 1이 사망했는데, 최대 2억 명까지로 추산한다(이하 사망자 수는 대략적 수치임). 들쥐가 옮겼다는 흑사병은 '림프절 페스트'로 추정하지만 정확한 원인은 알 수 없다.

모여서 기도하거나 집회를 열 때마다 더 많은 사람이 죽었고, 지방을 돌아다니며 포교하던 사람들은 오히려 질병의 전파자가 되었다.

유대인이 흑사병 전파와 관련 있다는 소문이 퍼지고, 유대인들을 구덩이에 묻어 죽이거나 마을에 방화를 하는 등 폭력이 이어지자 1348년 7월에 교황 클레멘스 6세는 칙령을 내려 유대인 박해를 금지했다. 흑사병의 원인을 유대인에게 돌리고 학살하는 행위는 악마의 거짓말에 속아 유혹당했기 때문이라는 내용이었지만 극히 일부만 이 칙령을 따랐고, 유대인 박해는 여전했다.

이후에도 흑사병은 수그러들지 않았고, 신의 진노가 두려워 자신을 채찍으로 내리치며 "우리를 살리소서!" 하고 외치는 '채찍질 고행단'이 생겨나기도 했다.

1347년부터 1350년까지 2천 384만 명이 흑사병으로 사망했다. 콘스탄티노플 같은 도시는 전체 인구의 88%가 절멸했다. 흑사병은 계속 재발해 17세기까지 이어졌다. 이 질병은 유럽의 질서를 바꾸기도 했는데, 갑작스러운 인력의 공백으로 인건비가 올라가자 영주들에 대한 소작농들의 목소리가 커져 봉건제도가 무너지는 계기가 되었고, 사업주는 인력을 대체할 기술 개발에 힘쓰기도 했다. 또한 안전한 땅으로 진출하기 위한 식민지 건설로 제국주의의 가속화가 이루어졌다고도 한다.

---

↩ 댓글 covid19? 2019년에 발생한 코로나 상황과 비슷한 면이 있군. 감염병 확진자만 늘어나도 공포인데 얼마나 무서웠을까. 그래도 괜한 사람들을 의심하고 혐오하지는 말아야….

# 종교개혁의 밑거름이 된
# 존 위클리프와 롤라드파

존 위클리프 초상(루이스 서젠트, 19세기)

로마 가톨릭교회가 독서를 금지한 성경을 처음 영어로 번역한 존 위클리프(1320?~1384)는 영국의 기독교 신학자이며 종교개혁가다. 1345년 옥스퍼드 대학 졸업 후 모교에서 강의와 목회를 했고, 1371년 학교를 떠나 외교가와 논객으로 왕실에서 일했다.

그는 교회 권력이나 세속 권력도 그리스도의 모범을 따라야 하고, 합법적 통치권은 하나님의 절대주권임을 주장하면서 개혁운동에 나섰다. 1365년 교황 이노센트 3세가 영국에 부과한 종교세가 과도하다고 비판했고, 1374년에는 에드워드 3세의 아들 요한과 함께 교황청의 횡포에 맞서면서 사제들이 국민의 혈세로 일삼는 사치와 향락을 비판했다. 일부는 그를 영웅이라 칭했고, 교회는 그를 이단자로 불렀다. 그를 따르던 사람들을 '롤라드'라고 했다. 그는 성경의 일부를 영어로 번역하면서, "예수님은 가장 쉬운 말로 사람들을 가르쳤는데 오늘날은 그렇지 않다"는 말을 남기기도 했다. 그가 번역한 영어성경은 후대의 성경 번역과 킹제임스 버전 영어성경 제작에 큰 영향을 미쳤다.

위클리프는 1384년에 뇌출혈로 사망했지만, 교회는 그에 대한 복수심으로 1401년 의회에서 이단 대책을 채택하면서 1406년에 롤라드 운동을 금지했고, 1409년에는 그의 교리 연구와 성경 번역도 금지했다. 1415년에는 위클리프를 260개 죄목으로 정죄해 모든 저서를 불태웠으며, 1428년에는 교황명으로 그의 유골까지 파헤쳐 화형한 뒤 스위프트 강에 뿌렸다. 하지만 롤라드 운동은 식지 않았고, 위클리프는 다음 세기에 이루어질 종교개혁의 밑거름이 되었다.

---

↪ 댓글  remember  기가 막히네. 훌륭한 개혁가를 사후 44년 뒤에 부관참시하다니…. 위클리프는 "성경이 국민에 의한, 국민을 위한, 국민의 정부를 만들어낼 것"이라고 했는데, 이 말을 링컨이 마음대로 가져다 썼다는 말도 있더군.

# 개혁가 얀 후스, 화형당하면서도
# 적들을 위해 기도하다

얀 후스

기독교 신학자이며 개혁가인 얀 후스(1372?~1415)는 현 체코의 일부인 보헤미아 지방에서 태어났다. 후스는 프라하 대학의 철학 교수로 있으면서 당시 유학생들이 가져와 크게 주목받은 위클리프의 저서를 탐독했다. 당시 후스는 베들레헴 성당의 인기 설교자였는데, 1402년에는 프라하 대학의 총장 자리까지 오른다.

후스는 존 위클리프의 직접적 영향을 받아 성경을 믿음의 유일한 권위로 강조하는 복음주의자였다. 그는 가톨릭교회 지도자들의 부패를 비판했기에 1407년에 설교권을 박탈당했지만 이에 굽히지 않고, 교회가 성경과 일치되게 행할 때만 복종해야 한다고 외쳤다. 보헤미아 국왕도 평소 그를 옹호했지만 교황의 도움이 필요하자 후스를 외면했다. 1411년에는 면벌부 판매로 전쟁 비용을 마련한다고 후스가 강력히 비판했던 교황 요한 23세에 의해 파문당했다.

1415년 독일 콘스탄츠의 한 성에 감금되었던 후스는 자기 가르침을 철회하지 않았다. 그해 7월에 교황의 추기경들은 그를 국왕의 군대에 넘겼고, 산 채로 화형을 집행했다. 후스는 죽으면서도 "주 예수님, 나의 적들을 불쌍히 여기소서." 하며 기도했다.

하지만 이 사건은 거대 권력에 대한 반발로 이어졌고, 종교개혁의 발판이 되었다. 후스와 그를 따르던 성도들인 후스파의 정신은 후대에도 전달되어 마르틴 루터의 종교개혁에도 영향을 미쳤고, 보헤미안 형제단과 모라비안 형제단 등의 형성에 결정적 역할을 해 지금까지도 모라비아 교회와 체코 개신교로 명맥을 이어가고 있다.

---

⤷ 댓글 | 한알의밀알 | 한 알의 밀알은 죽어야만 생명을 탄생시키듯이 종교개혁은 많은 선각자의 피를 먹고 자랐구나! 역사의 주인이신 하나님께 감사와 영광을.

# 성경 번역자 틴들, 죽어가면서
# 왕을 위해 기도한 이유는?

윌리엄 틴들

윌리엄 틴들(1494~1536)은 독서가 금지된 성경을 영어로 번역하면서 가톨릭교회에 쫓기고 투옥되는 등 고초를 겪었지만, 바른 성경을 성도들에게 돌려주고자 평생토록 수고했다. 그는 생전에 이렇게 고백했다.

"나는 연약한 여인이라도 복음서와 바울 서신을 스스로 읽고 깨닫기를 바란다. 그 말씀들이 모든 나라의 언어로 번역되어 스코틀랜드와 아일랜드 사람뿐만 아니라 터키 사람이나 이슬람 사람들도 읽을 수 있었으면 한다. … 이 귀한 말씀은 우리에게 직접 말씀하시고, 병을 고치시고, 죽으셨다 다시 일어나신 그리스도의 형상을 보여주며, 그분이 바로 우리 옆에 있음을 깨닫게 해준다."

한 가톨릭교회 신학자는 "보통 사람들이 읽도록 성경을 영어로 번역하는 것은 어리석은 일이오. 사람들이 필요로 하는 것은 교황뿐이오. 교황의 법 없이 사느니 차라리 하나님의 법 없이 사는 게 훨씬 더 낫소"라고 말했는데, 이에 틴들은 "나는 교황과 그의 모든 법에 도전하며, 만일 하나님께서 목숨을 살려주신다면 앞으로 몇 년 내에 쟁기를 끄는 소년이 교황보다 성경을 더 많이 알게 할 것이오"라고 답했다.

영어성경 번역에 평생을 바친 틴들은 결국 붙잡혀 화형으로 생을 마감한다. 그는 무소불위의 권력인 교황에 맞설 수 있는 것은 왕뿐이라고 생각해 화형장의 이슬로 사라지면서 부르짖었다. "주님, 영국 왕의 눈을 열어주소서!" 그 기도가 1611년 영국 왕 제임스(야고보) 1세의 칙령으로 반포된 최초의 영어성경 신구약 완역본 발행이라는 열매로 나타난다. 그 성경이 바로 온 세상을 바꾼 책《킹제임스 성경》이다.

---

**⇨ 댓글**　**존경합니다**　틴들의 번역이 킹제임스 성경에 상당수 반영되었다고 하죠? 이런 분이 진짜 성도입니다. 우리가 보는 성경에는 정말 많은 분의 피와 땀과 생명이 들어 있다는 것을 항상 기억해야겠어요.ㅠㅠ

# 르네상스는 시대 전환의 열망을
# 담은 문예 부흥 운동

〈단테와 신곡〉(도메니코 디 미켈리노, 1465)

중세에서 근세로 가는 과정 중 르네상스(문예 부흥) 운동은 시대를 바꾼 결정적 역할을 담당했다고 할 수 있다. 르네상스와 인문주의(휴머니즘)의 발전은 종교개혁을 앞당기는 역할을 했다. 르네상스는 '부흥'을 의미하는데, 이 말에서 그 시대가 이미 죽어 있었음을 알 수 있다.

르네상스의 일환으로 이탈리아에서 발표된 단테의 장편 서사시 《신곡》은 천국, 지옥, 연옥의 3부작으로 구성돼 있다. 제목에서 알 수 있듯이 가톨릭교회 신앙을 바탕으로 하지만, 타락한 교황과 교회에 대한 비판, 무기력한 신자들에 대한 일침까지를 문학적 기법으로 다루고 있어서 후대에 큰 영향을 미쳤다.

보카치오의 단편 소설집 《데카메론》은 7명의 여성과 3명의 남성이 열흘 동안 매일 한 개씩 나누는 100개의 이야기를 담은 것인데, 등장인물들을 통해 금욕과 순결, 참회 등을 조롱했으며, 성직자의 성적 욕망과 탐욕을 비웃는 등 수도사, 수녀, 주교, 수녀원장들도 풍자했다.

그 밖에도 로렌초 발라, 페트라르카, 에라스뮈스 등이 문학 작품을 발표하며 활약했다. 탁월한 예술가들도 많았다. 바티칸 시스티나 성당에 명화를 남긴 미켈란젤로, 미술은 물론 기계와 보석, 해부학 등에 탁월한 재능을 보인 레오나르도 다빈치, 바티칸의 성 베드로 대성당에 그림을 그린 라파엘로 등이 있다.

문예 부흥 운동은 죽은 시대, 중세 암흑시대를 벗어나려는 열망이 표출된 운동이었다. 자연히 암흑시대를 지배해온 교황과 교회 권력에 대한 저항이기도 했다. 이런 열망은 종교개혁과 만나 거센 물결이 되었다.

---

**☞ 댓글**  revival  학교에서 배운 르네상스는 기독교적으로 보면 일종의 개혁운동이었군. 중세 암흑시대였지만, 닭의 모가지를 비틀어도 새벽은 온다 했으니!

# 구텐베르크의 인쇄술,
# 종교개혁을 위해 예비된 혁명

〈구텐베르크의 인쇄소〉(작자 미상)

금속활자 인쇄술의 발명은 실제로는 우리나라가 최초지만 그 사실이 알려지기 전 서양에서는 독일의 구텐베르크를 최초로 여겼다. 1445년 인쇄업자였던 구텐베르크는 납으로 활자를 만들었다. 납과 주석 등을 적절한 비율로 섞어서 녹인 뒤 글자 모양의 틀에 부어 만든 290개의 기호와 활자를 역순으로 배열해 잉크를 발라 찍어내는 방식이었다.

그는 기름을 짤 때 쓰는 압착기를 응용해 압착식 인쇄기를 발명했다. 그리고 그을음과 아마씨 기름을 섞은 잉크를 만들고, 압력에 잘 견디는 단단한 종이도 찾아냈다.

갖은 노력과 시행착오 끝에 구텐베르크는 1454년 1,282페이지에 달하는 라틴어 42행 성경, 일명 '구텐베르크 성경'을 완성했다. 페이지마다 42줄씩 인쇄된 성경 180여 권을 찍어낸 것이다.

하지만 그는 이 성경을 찍고 파산하는 바람에 인쇄소를 다른 사람에게 넘겨야 했다. 1460년 이후에는 지병으로 시력까지 잃게 되면서 인쇄업을 그만두었고, 고향인 마인츠로 돌아가 1468년에 죽고 만다. 그러나 그의 인쇄술로 성경이 대중에 널리 보급될 수 있었다. 책 한 권을 손으로 필사하는 데 대략 2개월이 걸리던 시대에 매주 500권 넘는 책을 인쇄하게 된 것이다.

1517년 마르틴 루터가 비텐베르크 성당에 처음 써 붙인 95개조의 반박문도 구텐베르크의 인쇄술로 대량 인쇄되어 2주 만에 독일 전역에, 2개월 후에는 유럽 전역으로 퍼졌다. 구텐베르크의 인쇄술이 종교개혁의 불씨가 된 셈이다. 인쇄술에 힘입은 루터의 독일어성경은 당시 사람들과 그들의 문화에 큰 영향을 미쳤다.

---

**↪ 댓글** | **대박발명품** | 루터는 종교개혁에서 인쇄술이 지니는 의미를 잘 알았기에 구텐베르크의 발명을 '하나님의 마지막 선물'이라고 표현하기도 했다죠.

# 3장

# 종교개혁사

## AD 1517~1648년

오직 믿음, 다시 성경으로… ──
──────── 개혁과 격동의 시대

# 마르틴 루터, 95개조 반박문 게시···
# 예상 밖의 일파만파

95개조 반박문을 게시한 마르틴 루터

독일의 마르틴 루터로부터 종교개혁이 시작되었다. 루터는 신학자이자 로마 가톨릭 사제였지만, 고행을 하며 속죄하고 진리를 탐구해도 구원의 확신이 서지 않았다.

그러다가 모든 성도가 하나님 앞에서 제사장으로 교황이나 사제가 없어도 그분께 직접 나아갈 수 있음을 깨닫고 비로소 참된 회개를 통해 구원을 받았다. 또한 그는 '칭의'의 진리를 깨달아, 인간이 의롭다고 인정받는 길은 교회에 헌금을 내거나 신조를 외우는 일이 아니고, 로마서 1장 16~17절을 따라 '오직 믿음'으로만 가능하다는 진리에 눈을 뜨게 되었다.

1517년 루터는 가톨릭교회에 용감히 맞서 작은 지방 교회였던 비텐베르크 성당 정문에 95개 항목의 반박문을 게시했고, 이 사건은 종교개혁의 출발점이 된다. 이 반박문에는 면벌부 문제를 중심으로 교리에 대한 다양한 의문이 들어 있는데, 독일어가 아닌 라틴어로 기록했다. 그는 평민들 이전에 학자와 종교인 등 지식인들에게 토론을 제안한 것이었다.

이 반박문은 번역되고 널리 퍼지면서 불과 두어 달 만에 유럽을 강타했다. 사실 루터는 종교개혁이나 교회를 뒤집는 일은 생각도 못했다. 이 소식을 들은 교황 레오 10세조차 처음엔 하찮게 여겼다고 한다.

그러나 하나님은 이 사건으로 전 유럽과 세상을 개혁하셨다. 세상은 개혁에 대한 열망으로 들끓고 있었기에 루터의 외침은 작지만 위력적인 방아쇠가 되었고, 종교개혁은 작고 다양한 톱니바퀴들이 맞아떨어지면서 폭발적인 프로테스탄트 운동으로 전개되었다. 10월 31일, 루터가 95개 조 반박문을 게시한 날은 오늘날까지 종교개혁일로 지켜지고 있다.

↪ 댓글 　루터형칙오　만일 종교개혁이 없었다면 지금도 갖가지 고행과 성례를 통해 구원받는 줄 알고 늘 불안함 속에 살았겠네요. 구원은 오직 믿음으로! 성도는 모두 직접 하나님께 나아가는 제사장이라는 것을 잊지 맙시다. 마르틴 루터를 깨우신 하나님께 감사~.

# 종교개혁의 단초가 된
# 95개조 반박문의 내용은?

〈천사가 영혼을 연옥에서부터 구원하다〉(루도비코 카라치, 1610)

빠르게 인쇄되어 순식간에 퍼져나간 마르틴 루터의 95개조 반박문에는 고해성사나 죄의 참회 기간, 죽은 자에 대한 기도 등 가톨릭 교리의 부당함을 알리는 내용이 담겼는데, 많은 부분이 면벌부에 관한 문제 제기였으며, 이것은 큰 논쟁으로 이어지기도 했다. 루터는 20, 21, 26, 27, 28, 31, 37, 38, 42, 50, 51, 52, 54, 55, 73, 74, 76, 78, 86, 88, 89, 91조에서 이 문제를 다뤄 파문을 일으켰다.

7세기경부터 시작된 면벌부의 역사는 고행을 구제 헌금, 헌납, 벌금 등으로 대체해 경감해주는 것으로 시작됐다. 죄는 지상에서의 형벌과 죽음 이후의 형벌이 있는데, 사제들이 부과하는 고행은 현실에서의 형벌만 해결할 뿐이므로 연옥에 가서 받을 고통이 문제였다.

이런 신도들의 공포를 돈으로 해결해준다는 것이 면벌부였는데, 그 발행 권리가 사제에게서 주교로, 다시 로마 주교로 옮겨가면서 무절제하게 남발되었던 것이 사실이었다. 14세기에는 전쟁 자금, 병원과 성당 건립, 도로 보수 등에도 면벌부 판매를 통한 자금이 쓰였다.

루터는 반박문을 통해, 면벌부는 교회적 처벌만을 사면할 수 있고 하나님의 벌은 사면할 수 없다고 주장했다. 죄책감을 제거할 수는 없고 그것은 교황이라도 마찬가지라고 했다. 또한 면죄부는 사후의 사람에게나 연옥에 있다는 영혼에게도 아무 효력이 없으며, 참된 회개를 한 신자는 면벌부 없이도 하나님의 용서를 받을 수 있다고 주장했다.

그의 반박문 때문에 면벌부 판매가 급감하여 판매 중단 위기까지 맞았다. 분노한 가톨릭 사제들은 그를 이단자로 취급하고 화형을 선고했다.

---

**↪ 댓글** **follower** 도미니크파 수도원 소속이자 잉골슈타트 대학 교수였던 요한 에크는 루터의 95개조 반박문을 다시 반박하는 글을 써 붙이면서 루터와 신학 논쟁을 벌였대. 마치 수동식 트위터나 SNS 댓글 같은 느낌이잖아. 낭만적이야~.

# 절반의 성공에 그치게 한
# 종교개혁의 동상이몽

〈건초 수레〉(히에로니무스 보슈, 1516년경)

개혁적인 설교를 하거나 성경을 영어로 번역하는 사람들을 처형하고 탄압하던 가톨릭교회에 대한 분노와 함께 중세 교황권의 약화는 종교개혁을 위한 발판이 되었다.

마르틴 루터와 개혁가들은 교리와 신학을 통한 진리 회복에 집중했고, 이것은 큰 능력으로 나타났다. 그러나 유럽의 일반 백성이 개혁에 동참한 목적은 조금 달랐다. 교황 이하 사제들에게 연월 단위의 십일조와 각종 기부금, 세금, 위로비, 심방비, 여행 경비까지 빼앗겨온 그들은 더 이상 착취를 당하지 않기 위해 개혁에 동조했다.

당시 로마 가톨릭교회를 'ROMA'라고 부르는 게 유행이었는데, 이는 '돈을 사랑함이 모든 악의 근원(Radix Omnium Malorum Avaritia)'이라는 라틴어 머리글자를 딴 것이었다. 이처럼 민초들은 진리에 대한 갈급함보다는 자신을 착취하고 억압하는 로마에 대한 증오로 정치적인 항거(Protestant)를 했다. 건초 더미를 옮기는 백성과 그 위에 올라탄 주교의 그림이 풍자하듯 많은 이가 거짓 종교보다는 자기 위에 군림하는 것에 분노한 결과, 개혁은 절반의 성공으로 끝나고 말았다.

독일 종교개혁 세력이 국가와 결탁해 통치자들의 군사력에 의지하게 되자 더 이상 능력을 발휘할 수 없었다. 그 결과, 현대의 독일은 루터가 꿈꾸던 세상이 아니라 로마 가톨릭과 개신교가 30%씩 비슷한 상태이며, 최근에는 이슬람 인구가 늘고 있다. 개혁 당시에도 오스트리아, 이탈리아, 스페인, 포르투갈 등은 개혁의 바람이 거의 불지 않아 오늘날까지 가톨릭 중심 국가로 남아 있다.

---

**↪ 댓글**   아직도ROMA   진짜 가톨릭교회의 악행은 파도 파도 끝이 없는데 왜 제대로 개혁이 안 된 것일까…. 개신교가 WCC 등을 통해 천주교와 친하게 지내고, 자꾸 영향받는 것, 정말 우려된다.

# 루터의 아내 카타리나는
# 루터가 탈출시킨 수도원 수녀였다

**루터와 카타리나의 초상**(루카스 크라나흐, 1529)

루터는 가톨릭이 금지한 사제 독신 의무를 거부하고 결혼을 감행했다. 그가 반박문을 내걸고 항거한 지 8년 만이었다. 42세의 수도사 루터의 아내는 수녀였던 26세의 카타리나 폰 보라였다. 종교개혁 운동에 감명받은 카타리나는 동료 수녀 11명과 함께 루터에게 도움을 청했고, 1523년 청어 장수로 위장하고 수도원을 오가던 루터 친구의 청어통에 숨어 탈출했다.

이들은 루터와 종교개혁자들의 주선으로 결혼도 하고 취직도 했다. 그런데 카타리나는 맨 마지막까지 남았다. 여러 차례 결혼을 제안받았다는 기록도 있지만, 그녀는 루터와 또 다른 개혁가 한 사람이 아니면 결혼하지 않겠다며 버텼다. 루터는 언제나 생명의 위협을 받았기에 결혼은 자기 인생에 없는 일로 여겼다고 한다.

하지만 카타리나의 끈질긴 구혼에 루터도 결단하는데, 결혼하게 된 이유는 두 가지였다. 먼저 손자를 부모님께 안겨 그간 걱정을 끼친 불효를 덜어드리고 싶었고, 사제와 수녀의 결혼이라는 충격적 이벤트로 교황에게 한 방 먹이고 싶었던 것. 그렇게 1525년 두 사람은 결혼한다. 루터는 "행복한 결혼 생활보다 더 감미로운 연합은 없다"라고 말했다. 그들은 자녀 여섯 남매를 낳고 4명을 더 입양했으며, 조카들과 페스트 유행으로 고아가 된 아이들 10여 명까지 보살폈다.

부부의 삶은 인간적이었다. 루터는 "카타리나를 나 자신보다 더 사랑한다. 만약 그녀가 아이들과 더불어 죽어야 한다면 차라리 내가 죽을 것이다"라는 말도 남겼지만, "마귀와의 싸움도 견뎠으니, 그녀의 짜증도 견딜 수 있겠지." 하고 푸념을 늘어놓기도 했다.

**↪ 댓글** `marryme` 카타리나는 수도원에서 수제 맥주를 만들던 기술자였고, 루터는 맥주광이었죠. 물론 그때 독일인들의 맥주는 음료수와 같은 것으로 지금과는 느낌이 좀 다르지만. 시작보다 끝이 아름다운 두 사람은 천생연분~.

# 방대한 저술과 업적을 남긴 루터는
# 진정한 천재 신학자

**루터가 숨어서 집필하던 바르트부르크 성의 책상**

대부분 종교개혁자는 어학과 논리에서 천재이자 능력자였다. 루터도 대단한 정력가였고, 많은 부분에서 천재였다. 그는 신약성경을 혼자서 단 11주 만에 독일어로 번역했는데, 오류나 실수가 없었다. 1521년 핍박하는 교황의 무리에 쫓기던 루터는 친구들의 도움으로 신분을 숨긴 채 바르트부르크 성에 10개월간 피신했는데, 이곳에 머무는 동안 성경을 번역했다. 지금도 남아 있는 골방의 조그만 책상 앞에서 번역된 독일어 신약성경은 그가 성을 떠나는 날 완성됐다고 한다. 루터 성경은 독문학의 시초가 되었고, 독일어를 하나로 정리하는 계기가 되기도 했다.

1516년부터 1546년까지는 논문을 400편 넘게 썼다. 한 달에 한 편을 쓴 셈이다. 1520년에는 4권의 소책자를 출판했다. 이중 가장 큰 반향을 일으킨 《독일 귀족에게 고함》은 며칠 만에 초판 4,000부가 다 팔렸고, 4권의 책은 크게 주목을 받아 총 50만 부나 팔렸다. 요즘으로 치면 억 단위의 판매량이라 할 만한 양이다.

루터의 본거지였던 비텐베르크는 루터의 책을 계기로 인쇄의 도시가 됐다. 1517년에 종교개혁의 단서를 제공한 루터가 1523년까지 출간한 책은 346권이었다. 그는 매년 평균 1,800페이지의 글을 썼고, 그가 평생 쓴 글들을 모두 모은 바이마르판 전집은 총 120권이다. 컴퓨터도 없는 시대에 펜과 잉크로 이 정도의 저술을 남긴다는 것은 초인적인 능력이다.

그러면서도 그는 항상 유머와 위트가 넘치는 사람이었다. 가정생활에 충실했고, 교수로서 강의하는 일을 게을리하지 않았으며, 많은 성도를 교황으로부터 지키며 도와주었다.

---

⮕ 댓글 | 천잰데? | 와~ 대단하심. 역시 하나님이 예비하신 일꾼…. 대박!

⮕ 댓글 | respect! | 재판에 나서기 전에 만들어 불렀던 찬송가 〈내 주는 강한 성이요〉도 루터의 작품~.

# 츠빙글리, 스위스 종교개혁
# 운동을 이끈 종교개혁가

츠빙글리 초상(한스 아스퍼, 1549)

루터, 칼빈과 함께 3대 종교개혁가로 꼽히는 스위스의 울리히 츠빙글리는 루터가 태어난 지 54일이 지난 1484년 1월 1일에 출생했다. 그 역시 이미 십 대에 대학을 다니고, 다양한 공부를 두루 섭렵하던 천재였다.

1506년부터는 스위스 글라루스 교구의 사제로 10년간 일하면서 젊은 용병들로 구성된 군대에 종군 사제로 두 차례 복무했다. 이 시기에 그리스어와 히브리어는 물론 신학, 지리, 기하학, 고전, 철학 등을 공부했다. 1516년부터 아인지델른에서 2년간 사제로 지냈는데, 이때 에라스뮈스의 영향을 깊이 받았다. 츠빙글리는 이곳 수도원을 찾는 순례자들을 상대로 면벌부에 대한 비판을 시작했다.

세 번째 사역지인 취리히에서는 1519년부터 1531년까지 일했다. 그는 취리히의 그로스뮌스터 교회에 부임한 뒤에는 가톨릭 성구집에 있는 성경 본문 대신 마태복음으로 강해하겠다고 했고, 이후 6년간 신약성경 전체를 강해해 주목받았다. 또한 육식에 대한 논쟁을 시작으로 각종 신앙 원칙들과 성상 숭배 등을 주제로 공개 토론을 벌여 2년 동안 여러 번 승리했고, 그에 따라 개혁 행보도 확대되었다.

츠빙글리는 더 과감한 개혁을 원하는 재침례파와의 갈등도 있었고, 개혁 세력을 통합하려던 루터와의 논의에서 15개 항 중 1개가 결렬되는 진통도 겪었지만, 그의 개혁은 스위스 독일어권으로부터 제네바의 불어권으로 확대되어 칼빈이 등장하는 길을 닦게 되었다. 그러나 가톨릭의 반개혁 세력과의 전쟁에 일개 병사로 참전했던 1531년 카펠 전투에서 전사해 처참하게 토막 난 채 죽음을 맞는다.

---

**↪ 댓글** | reformation | 츠빙글리가 취리히에서 사역하던 시절에 발생한 전염병으로 시민 3분의 1이 죽었는데, 당시 츠빙글리도 교구 주민들을 돌보다가 전염병에 걸려 생사를 넘나들기도 했답니다.

# 장로교의 창시자 존 칼빈,
# 기독교 교리 집대성해

**존 칼빈 초상(작자 미상, 16세기)**

1509년 파리 북동부 노용에서 태어난 종교개혁가 존 칼빈(장 칼뱅)은 마르틴 루터가 종교개혁의 신호탄을 올릴 때 여덟 살이었다. 그는 천재적인 재능으로 교부들과 개혁가들의 신학에 자기 견해를 녹여 종합적인 체계를 만들었다. 현재 개신교 신학의 기초를 놓은 인물이 바로 칼빈이었다.

1523년 파리로 유학을 간 칼빈은 열아홉 살까지 마르세 대학에서 공부하고 라틴어도 배운다. 이후 1527년까지 몽테뉴 대학에서 더 깊이 연구하고 법률과 교회법, 희랍어, 히브리어 등을 공부한 뒤 1532년 최초의 저서로 세네카의 《더 클레멘티아》를 주석한 책을 집필한다.

프랑스의 박해를 피해 바젤로 간 칼빈은 《기독교강요》를 집필하는데, 비록 26세에 썼지만 오늘날까지도 최고의 교리서로 통하는 책이다. 1936년 초판 발행 시에는 6개의 장으로 시작한 이 작은 책은 1543년에 21장까지 분량이 늘어났으며, 1559년과 1560년에 라틴어와 프랑스어 최종판을 낼 때까지 확장되었다.

그의 목회는 제네바 사역(1536~1538), 슈트라스부르크 사역(1538~1541), 그리고 2차 제네바 사역(1541~1564) 등으로 분류되는데, 그중 험난한 10년(1546~1555)으로 불리는 때에 극심한 어려움을 당하기도 했다. 칼빈은 자신에 반대하는 이들과 많은 분쟁을 벌여 지금까지도 논란이 된다.

칼빈이 1541년 11월 20일에 발표한 제네바 교회 규범(교회에 관한 칙령)에는 디모데전서 5장 17~18절을 근거로 구약의 장로직을 부활시키는 조항이 있는데, 사도들은 스스로를 목사 겸 장로라고 했지만, 그는 따로 구분되는 장로 제도를 두면서 장로교회의 창시자로 불린다.

---

**↪ 댓글** geniusCalvin 칼빈은 루터와 츠빙글리의 서로 다른 견해를 조화시키는 중도적 입장을 취하면서 두 사람이 시작한 종교개혁을 완수한 사람인데, 장로교회의 당회와 규범을 만들 때 불과 삼십 대 초반이었다니 놀랍습니다.

# 칼빈주의와 알미니안주의
# 구원관의 교리적 충돌

아르미니우스 초상(히에로니우스 반 데르 미즈, 18세기)

칼빈은 '구원예정설'이라고도 하는 칼빈주의 5대 강령을 주장했다. (무능력한 인간의) 전적 타락, (창세 전에 인간의 구원 여부를 하나님이) 무조건적 선택, (선택받은 자들만) 제한적 속죄, (택함받은 자가 거부할 수 없는) 불가항력적 은혜, (타락해도 돌아오는) 성도의 견인(堅忍)인데, 한마디로 하나님이 예정하시고 선택하신 자는 결국 구원받는다는 논리다.

이 견해는, 예수님이 이끌지 않으면 아버지께로 갈 자가 없다는 말씀 등을 근거로 삼지만, 운명론적 요소가 있어서 한때 선교를 위축시키기도 했다.

이에 반대해 나온 것이 네덜란드 개혁교회의 신학자인 야코뷔스 아르미니우스(1560~1609)와 그 제자들인 저항파의 알미니안주의로 '만인구원설'이라고도 한다. (미리 아심에 의한) 조건적 선택, (믿지 않는 자들을 위해서도 이루신) 보편적 대속, (믿음과 선행에 대한) 인간의 무능력, (구원도 거부할 수 있는) 항력적 은혜, (믿는 사람도) 은총으로부터 타락할 가능성, 이 5대 강령이 칼빈주의에 맞서는 알미니안주의다. 믿으면 누구든지 값없이 구원받는다는 말씀을 근거로 제시하지만, 하나님의 구원이 취소된다는 점에서 비성경적이다.

그러나 이 두 교리는 서로 반대된다기보다는 상호보완적으로 이해해야 한다. 인간은 구원의 복음을 받아들일 자유와 거부할 자유가 모두 가능해야 자유의지를 발휘할 수 있는 인격체이며, 전지전능한 하나님은 인간의 선택을 미리 아실 수밖에 없으므로 선택과 믿음에 의한 구원의 과정은 지극히 자연스러우며, 두 논리 모두 필요하면서도 각기 일부의 모순을 지니는 것으로 이해할 수 있다.

---

⟳ 댓글 | balance | 칼빈주의는 장로교, 알미니안주의는 감리교에서 주로 다루는 교리입니다. 이래서 신앙의 '균형감'이 중요한 것 아닐까요?

# 교황 친위대 제수이트 설립한
# 로욜라의 개신교 말살 음모

〈이그나티우스 로욜라〉(페테르 파울 루벤스, 1622)

루터가 활동을 시작한 시대에 개혁을 무산시키고 개혁 세력을 다시 가톨릭교회로 돌아오게 하려고 야심을 불태우던 이그나티우스 로욜라라는 자가 있었다. 그는 1491년 스페인 귀족으로 태어나 궁정 기사를 거쳐 서른 살에 군인이 되었다가 부상으로 다리에 장애를 입는다. 긴 투병 중 신비주의에 빠진 그는 오랜 수련 끝에 몬트세라트 수도원에서 육신이 해방되는 경험을 한 뒤 성모와 아기 예수 앞에서 헌신을 다짐했다고 한다. 그가 저술한 책《영성 훈련》은 가톨릭교회를 넘어 신비주의적 영성 운동 차원에서 개신교에까지 영향을 미쳤다.

로욜라는 교황을 섬기기 위해 파리에서 '예수단(Company of Jesus)'이라는 단체를 조직하는데, 교황은 이들 모임을 1540년에 '예수회(Society of Jesus)'라는 이름으로 승인한다. 칼빈 등의 개혁가들은 그들을 제수이트(Jesuit)라고 불렀다. 이들은 "적을 처단하기 위해 자신들을 던져 시체와 같이 복종한다"는 신조 아래 멤버들을 세심하게 선별하고 철저한 계급제로 복종 훈련을 시켜 다방면의 반종교개혁 운동을 강력하게 펼쳤다. 세상을 움직이는 소수 엘리트인 일루미나티 같은 조직을 만들어내기도 한 제수이트의 영향력은 전 세계로 미쳤고, 오늘날까지 그 힘은 살아 있다.

제수이트의 수장은 검은 옷 때문에 검은 교황으로 불리며, 교황보다도 막강한 가톨릭의 막후 실세로 통한다. 현재 교황인 프란체스코는 최초의 제수이트 출신 교황이며, 한국 내 예수회 본부는 그들이 설립한 서강 대학 안에 있다.

---

**↩ 댓글** | 세상에그런일이 | 로욜라와 예수단을 만든 신부 하비에르는 인도를 거쳐서 1549년 일본 남쪽 지역에 도착해 가고시마, 야마구치에서 2년 동안 선교 활동을 했는데, 그때 일본 권력자에게 바친 선물 중 스페인에서 발명된 화승총도 있었죠. 이 총이 임진왜란 때 조총이 되어 사용되었다고 하네요.

# 구교와 신교의 갈등 격화와 30년 전쟁

〈성 바르톨로메오 축일의 학살〉(프랑수아 뒤부아, 1572)

종교개혁 이후 가톨릭교회 내에서도 자성의 목소리와 자체적 개혁운동이 일부 일어났다. 그러나 얀센주의 계열의 철학자 블레즈 파스칼 같은 개혁적인 사람을 이단으로 정죄할 만큼 가톨릭교회는 개혁 의지가 없었고, 무작정 개신교도들을 미워했다.

16세기에 프랑스 개신교인들은 칼빈의 영향권에 있었는데, 앙리 2세 즉위(1519) 후 탄압을 시작해 많은 이를 처형했다. 프랑스 개신교인들이 스위스 제네바에서 규합한 세력을 '위그노'라고 하는데, 가톨릭 세력과 다투고 있던 때에 가톨릭 세력이 예배 중인 개신교인들을 공격하면서 내란이 시작됐다(1562).

1572년 8월 18일, 아들 샤를 9세를 대신해 섭정 중이었던 카트린 드메디시스 황후는 개신교 지도자인 앙리 4세와 자신의 딸 마그리트를 결혼시켜 화해를 도모하는 동시에, 기즈 가문 사람들과 8월 24일 바르톨로메오 축일에 위그노들을 학살하려는 음모를 꾸몄다. 24일 축일의 아침 종소리에 맞춰 가톨릭 군대가 위그노 지도자들을 살해하기 시작했고, 그해 10월까지 3~7만 명 정도의 위그노가 희생됐다. 이후 가톨릭으로 개종한 앙리 4세가 1589년에 프랑스 왕으로 즉위한 뒤, 1598년 낭트 칙령을 발표하기까지 개신교 신앙은 전면 금지되었다.

1618년부터 30년 동안은 유럽의 가톨릭 국가와 개신교 국가 사이에 전쟁이 벌어졌는데, 천만 명의 희생자가 나왔다. 1648년 베스트팔렌 평화조약으로 전쟁이 끝나고, 조약에 따라 모든 제후는 자기 영토에서 어떤 종교든 자유롭게 선택할 수 있게 되었다.

---

**⤵ 댓글** 헷갈리죠? 앙리 4세는 나바라 왕국의 왕 헨리케 3세일 때 프랑스 왕 샤를 9세의 여동생 마그리트와 결혼하는데, 그녀가 바로 유명한 '여왕 마고'입니다. 나바라 왕국은 그들이 결혼한 1572년 이후 프랑스와 같은 왕을 두고 있다가 1620년 프랑스와 합병하며 사라졌죠.

# 영국 의회 테러 노린
# 화약음모사건과 가이 포크스 가면

소설 《가이 포크스》에 수록된 삽화(1840년대)

매년 11월 5일은 영국 전역에서 화려한 불꽃놀이와 함께 '가이 포크스 데이(가이 포크스의 밤 축제)'가 열린다. 이날은 그가 1605년 11월 5일 의회 의사당을 폭파해 제임스 왕과 대신들을 한꺼번에 몰살시키려 했던 '화약음모사건'이 실패한 것을 기념하는 날이다.

가이 포크스는 영어성경 번역에 관한 칙령(1604)을 내렸던 제임스 1세에 대한 반역 차원에서 영국 왕과 측근들이 있는 의사당을 화약으로 폭파하려 했던 인물이다. 그러나 계획은 실패했고, 1611년 킹제임스 성경이 완성된 후 기득권에 대한 저항의 상징이 되었다.

제임스 왕을 죽이려 했던 가톨릭교회는 헨리 가넷이라는 예수회 사제의 지도로 가톨릭교도 포크스를 기용해 암살용 화약 36통을 의회 지하실로 옮겼다. 그들은 왕을 살해한 후 자녀들을 감금하고, 번역된 성경을 불태운 뒤 영국을 교황에게 충성하는 나라로 다시 세우려고 계획했다.

18개월간 준비한 거사를 열흘쯤 앞둔 10월 26일, 가톨릭 신자인 상원의원 몬트이글 경은 익명의 편지 한 통을 받는다. 가톨릭 신자까지 살해하기는 께름칙했던 공모자 중 하나가 그에게 의회 개원식에 참석하지 말라고 보낸 것이었다. 그 사실이 주동세력에게 알려졌으나 10월 30일 의사당 지하에 숨긴 화약통이 멀쩡하다는 가이 포크스의 보고에 강행을 결정했다.

그러나 갈등하던 몬트이글은 그 편지를 왕에게 보고했고, 제임스 왕의 지시로 샅샅이 뒤진 결과 테러 불과 몇 시간 전인 11월 4일 자정, 의사당 지하에서 포크스를 발견했다. 포크스와 가넷과 8명의 공모자는 전부 교수형을 당했다.

---

⇨ 댓글 | 하늘이도우심 | 영화 〈브이 포 벤데타〉에 나오는 가이 포크스의 가면은 '어나니머스'라는 단체가 쓰는 가면인데, 저항의 상징이라 시위할 때 자주 사용되지.

# 킹제임스 성경 반포,
# 교황 권력에 맞선 영어성경의 등장

〈제임스 1세〉(다니엘 미텐스, 1621)

성경을 읽지도 못하게 하고 영어로 번역하는 사람도 처형했던 로마 교황의 절대적 권력에 대항할 길이 없던 시대에 영국 왕 제임스 1세는 영어성경을 번역하라는 칙령을 내린다(1604). 스코틀랜드 지방 군주(제임스 6세)였다가 영국 왕을 겸하게 된 제임스 스튜어트는 스페인 무적함대를 무찔렀던 영국의 엘리자베스 1세가 사망 전 점찍은 인물이었다.

그는 성경 번역을 통해 왕권 강화, 교황 세력에 대한 견제, 시민 계몽, 예배 성경의 통일이라는 효과를 꾀했는데, 비숍성경을 사용하던 영국 국교회 감독들과 제네바성경을 사용하던 청교도 집단 가운데 히브리어(구약)와 그리스어(신약)에 능통한 54명을 기용해 신구약 성경을 완역, 1611년 5월 2일에 반포했다. 성경을 번역하다가 핍박받고 죽임당한 윌리엄 틴들과 존 위클리프 같은 사람들의 희생이 밑거름되었다.

교황은 이 계획을 방해하기 위해 화약음모사건을 꾸미는 등 온갖 수단을 썼지만 성경 출간을 막을 수 없었다. 왕의 이름을 담아 어명으로 하지 않았다면 이룰 수 없는 일이었다. 왕이 제정한 성경이라 해서 한자로 '흠정역(欽定譯)'이라 부르며, 가장 권위 있는 역본이라는 의미로 '권위역(Athorized Version)'으로도 불린다.

이 성경은 400여 년 동안 온 세상에 퍼져나갔다. 문학적으로도 뛰어나 셰익스피어의 작품들과 함께 영문학의 가장 빛나는 유산이며, 종교개혁과 함께 인류에 엄청난 영향을 미친 책이 되었다. 오늘날까지도 이 성경은 가장 훌륭한 번역으로 모든 성경을 번역할 때 가장 먼저 참고하는 최고의 성경으로 꼽힌다.

---

**↔ 댓글**  16110502  2011년 킹제임스 성경 400주년에는 영국 웨스트민스터 대성당에서 기념식을 거행했는데, 엘리자베스 여왕은 기념사에서 킹제임스 성경이 세계 역사에 미친 놀라운 영향을 칭송했죠. 미국 상하원 의회도 성명을 발표해 이 성경의 영구한 공적을 인정했습니다.

# 메이플라워호를 탄 청교도,
# 신앙의 자유 찾아 신대륙으로 떠나

〈메이플라워호에 탑승하는 사람들〉(버나드 그리블, 1620)

검소하고 순결한 신앙을 추구한 청교도(Puritans) 운동은 16세기 메리 여왕 때 교회의 순수함을 주장하다 화형당한 존 후퍼로부터 시작되었다. 이후 엘리자베스 여왕 시대에는 국교회인 성공회 방식으로 교회의 가르침을 통일한다는 법이 제정되었는데, 이런 법에 청교도가 집단적으로 반대하면서 그 존재감을 본격적으로 드러낸다(1564).

그들은 1603년에 즉위한 제임스 1세 때 더욱 영향력을 발휘해 성경적 교회로 돌아갈 것을 촉구하며 가톨릭 잔재 제거, 경건 생활 실천, 감독 제도 반대, 금주, 연극 관람 금지, 단순한 예배 추구, 마술 금지, 교회의 독립성 등을 외쳤다. 제임스 왕은 성경 번역에 청교도를 기용하는 등 여러모로 타협했지만, 청교도 지도자 800명이 탄원서를 내며 주교도 왕도 원치 않는다고 주장하자 그들을 추방시켰다.

청교도 무리는 비국교도를 탄압하지 않는 네덜란드로 건너갔지만 일부는 그에 만족할 수 없었고, 1620년 9월 102명이 어떤 억압이나 지배도 없는 신대륙으로 메이플라워호를 타고 출항했다. 그들은 두 달 후인 11월에 폭풍우로 원래 목적지인 버지니아가 아닌 매사추세츠에 닻을 내린다. 하선한 사람들 중 남자 41명은 메이플라워호 선상에서, 하나님의 영광과 기독교 전파를 위해 식민지 건설에 착수한다는 서약서에 서명한다.

유럽에 남은 청교도들 중에서는 유명한 인물들이 나오는데, 《실낙원》의 존 밀턴, 《천로역정》의 존 버니언, 설교가인 리처드 백스터, 조너선 에드워즈, 존 오웬, 멀게는 찰스 스펄전과 마르틴 루터 킹 등이 그들이다.

---

**↩ 댓글**  Pocahontas  이때는 이미 영국의 식민지 건설이 활발히 이루어지던 때였죠. 애니메이션 주인공 포카혼타스는 원주민으로서 영국인과 결혼한 최초의 여성인데, 아름다운 이야기 같지만 그녀는 영국과의 유화정책을 위한 희생양이었고, 1617년 알 수 없는 병으로 갓 서른을 넘긴 나이에 죽었답니다.ㅠㅠ

# 청교도들의 흑역사…
# 아메리카 식민지의 마녀사냥

〈마녀 : 세일럼〉(스테이시 치프, 1692)

청교도들은 애써 당도한 신대륙에서 얼마 지나지 않아 삶의 난관에 봉착한다. 후손 중 절반은 하나님을 믿지 않았기 때문에, 그렇게 가다가는 대륙에서 기독교 신앙이 사라져버리고 말 것이라는 우려가 초기 청교도 사이에 팽배해졌다.

그들은 '중도 계약'이라는 절차를 만들었다. 기독교인들의 자녀에게만 세례를 베풀었지만 점점 믿지 않는 자녀들도 부모만 믿으면 세례를 주는 것이었는데, 그렇게라도 젊은 세대를 교회와 연결해보려는 노력이었다. 그러나 큰 성과는 없었고, 예수님을 믿는 아이들의 수는 계속 줄어들었다.

초창기 세대는 믿음을 상실해가는 원인을, 식민지를 파괴하는 악마적인 세력 탓으로 돌렸다. 그런 불안감이 한꺼번에 집단적 히스테리로 폭발한 사건이 1692년 마녀 재판, 세일럼 지역의 '마녀사냥' 사건이었다.

마술을 하고 있는 열두 살 여자아이를 붙잡아 추궁하자 소녀와 친구들은 몇몇 나이 든 부인들을 마녀로 지목했다. 이 사건으로 매사추세츠 식민지 관리들은 수십 명의 시민을 체포하는데, 이들은 계속되는 추궁과 고문에 자신들이 마법을 사용했다고 강제 자백을 하고 풀려난다. 그러나 이 중 19명이 끝까지 자기 잘못을 인정하지 않자 교수형에 처해 죽이고 말았다. 자기 아내는 마녀가 아니라고 버티다가 고문 끝에 죽은 남성도 있었다.

이 사건으로 식민지에 도착한 지 채 100년도 안 된 청교도들에게는 신앙적 공허기가 찾아왔다. 그것은 새로운 신앙적 유토피아를 건설하기 위해 애쓴 그들의 큰 노력을 물거품으로 만든 치명적 오점이었다.

---

**⟳ 댓글** | 오마이갓! | 정말 흑역사네요. 유럽에서는 이미 14세기부터 17세기까지 적게는 20만, 많게는 50만의 사람들이 마녀사냥으로 죽었다죠. 인간은 정말 본성적으로 악하다는 생각밖에 들지 않을 정도로 잔인하고 나약한 존재 같습니다.

# 웨스트민스터 회의와
# 신앙고백의 제정

〈웨스트민스터 회의〉(존 로저 허버트, 1847)

1563년 엘리자베스 여왕이 39개조 신앙고백을 바탕으로 한 국교회(성공회)를 설립했지만 대다수가 여기에 동의하지 않았다. 청교도들은 엘리자베스와 제임스 1세, 찰스 1세까지 이어지는 성공회 방식을 따르라는 강요에 대항했고, 이는 '청교도 혁명(잉글랜드 내전, 1642~1651)'으로 불리는 내란으로까지 번졌다.

1640년 찰스 1세는 청교도와의 대립으로 몰락의 길을 걸었다. 청교도는 전쟁에서 승리한 후 성공회를 폐지하고 칼빈주의 장로교회를 세우기 위해 1643년 의회를 열어 웨스트민스터 사원에서 종교회의를 소집한다. 121명의 목회자와 30명의 성도가 모였다. 이 회의가 열리는 6년 동안 의회 군대는 지도자 올리버 크롬웰 장군을 추대했다. 찰스 1세는 1649년에 참수되고 크롬웰이 잉글랜드 연방의 주축이 된다.

이 회의에서 1646년 '웨스트민스터 신앙고백'을 제정했고, 1647년과 1648년에 각각 '소요리문답'과 '대요리문답'을 채택했으며, 이를 영국 의회가 공인했다. 그 내용은 성경의 영감과 권위에 관한 것에서부터 성공회 신앙고백에는 없던 예정론도 포함되었고, 교황을 적그리스도로 규정하는 내용도 담겼다. 킹제임스 성경의 언어로 작성된 이 신앙고백은 오늘날까지 장로교 신앙의 기초를 가장 명확하게 정리한 고백서로 인정받고 있다.

그러나 청교도의 지배는 오래가지 못했다. 1658년에 올리버 크롬웰이 죽자 청교도는 급격히 힘을 잃었고, 뒤를 이은 크롬웰의 아들 리처드는 리더십이 부족했다. 1660년에는 왕정 군주제의 재도입으로 찰스 1세의 아들 찰스 2세가 왕으로 등극하면서 다시 성공회를 도입한다.

---

**⟳ 댓글** | puritans | 신대륙으로 건너간 청교도는 이 문서들을 미국 장로교(PCUSA)의 교리적 표준으로 정했습니다. 오늘날도 '웨스트민스터 신앙고백'으로 공부하는 신자들이 많지요.

# 4장

# 근현대와 이스라엘 역사

## AD 1648~현재

신앙의 자유와 대각성⋯ ─────
───────── 부흥과 선교의 시대

# 존 버니언, 성도의 삶에
# 큰 영향 미친《천로역정》집필해

영국에서 출간된《천로역정》의 도입부 삽화(1893)

영국 베드퍼드서에서 땜장이의 아들로 태어난 존 버니언(1628~1688)은 청년기까지 욕을 입에 달고 살던 반항아였다. 19세에 결혼했지만 독실한 신자였던 부인의 노력에도 그의 삶은 나아지지 않았다. 하지만 아내가 혼수 대신 가져온 책들을 읽고 그는 로마 가톨릭의 반대자이자 침례교도가 된다. 그는 또 마르틴 루터의 갈라디아서 영역본에 크게 감화되었다고 한다.

구원받은 버니언은 20대에 노방전도를 하는 등 뜨거운 열정으로 복음을 전했다. 1651년경에는 독립주의자들의 교회에 나가 그곳에서 설교했는데, 많은 사람이 그의 설교에 탄복했다. 당시 청교도들에게 죽임당한 찰스 1세의 아들 찰스 2세는 성공회 신앙을 재도입했는데, 처음에는 신앙의 자유를 인정해주다가 점점 성공회만을 고집하면서 비국교도를 탄압했다. 그 과정에서 존 버니언도 1661년 투옥된다.

그는 감옥에서 성경 다음으로 기독교인들에게 큰 영향을 미쳤다고 평가되는《천로역정》1부를 썼다(1667~1672). 1672년에 출옥한 버니언은 출신지인 베드포드교회에서 설교를 했는데, 그의 설교는 매우 탁월하면서도 영혼을 흔드는 힘이 있었다. 그는 평생 60권 정도 책을 썼는데, 1684년에는《천로역정》2부를 완성했다.

천로역정 1부는 주인공 크리스천이 삶의 고난을 이기며 천국에 이르는 여정을 비유와 생생한 묘사로 전달하는 내용이며, 2부는 크리스천의 뒤를 따르는 아내 크리스티아나와 자녀들의 여정이다.《천로역정》은 오늘날까지도 많은 그리스도인에게 꾸준히 읽히는 걸작이다.

---

**↪ 댓글** **christian** 버니언은 무가치한 삶을 살던 청년 시절에 거리에서 몇몇 여인의 신앙에 관한 대화를 듣고 자기를 돌아보았으며, 고민 끝에 그들의 도움으로 진지한 신앙으로 나아갔다고 하죠. 우리가 나누는 대화 하나가 위대한 신앙인을 탄생시킬 수도 있음을 잊지 맙시다.

# 조지 폭스와 퀘이커 교도들이 벌인
# 신비주의 운동

〈퀘이커 회의〉(마르셀 라우론, 1700년대 중반)

영국에서 태어난 조지 폭스(1624~1691)는 제화공으로 사회생활을 시작했지만 곧 염증을 느끼고 19세 때부터 방랑을 시작했다. 높은 데서 오는 깨달음을 찾아 각종 종교집회에 참석하고 가톨릭과 성공회, 장로교회, 독립교회 등을 두루 다녔다. 하지만 폭스의 눈에는 모두 위선적으로 보였고, 목회자들도 삯꾼처럼 다가왔으며, 예배 순서와 절차 등도 다 형식적이고 불필요한 요식 행위로 느껴졌다.

폭스는 성경을 달달 외울 정도로 상고하면서 하나님을 발견하려면 '내면의 빛'이 있어야 한다고 주장했다. 그는 여러 교회를 돌며 집회가 끝날 때 토론과 함께 자신의 주장을 설파했지만, 예배를 방해한 죄로 사람들에게 경멸과 폭행을 당하고 쫓겨나기가 일쑤였다.

그러나 지치지 않고 꿋꿋하게 메시지를 전파하자 사람들도 감복하여 추종자가 늘기 시작했고, 그들은 자신을 '빛의 자녀들', 혹은 친우회(Society of Friends)라고 불렀다. 폭스와 추종자들은 몸이 떨릴 정도로 영적 감정을 이기지 못하는 사람들이라 해서 퀘이커(Quaker), 즉 '떠는 자들'이라는 조롱 섞인 이름으로 기억되었다.

이들은 일정한 형식 없이 예배를 통해 성령의 인도에 따라 누구나 발언할 수 있었고, 만찬이나 세례식 등은 하지 않았다. 그 때문에 기존 교회로부터 거센 공격을 받는 등 반감을 사 많은 탄압과 처형을 당했다. 그럼에도 폭스가 죽던 1691년에는 퀘이커 교도가 수만 명으로 늘었다. 퀘이커는 신비주의 운동이긴 했지만 거기 머물지 않고, 인디언 전도, 노동 시간 제정, 노예 해방 운동 등 다양한 실천적 신앙으로 사회에 공헌했다.

---

**↪ 댓글** `man4God` 퀘이커 지도자 윌리엄 펜은 자기 이름을 딴 펜실베이니아 식민지를 세웠죠(1682). 원주민과 정착민이 형제처럼 세웠다는 뜻의 필라델피아(형제 사랑)는 펜실베이니아 최대 도시로 18세기에는 미국 수도였습니다.

# 경건주의 운동,
# 기독교의 깊이를 한층 더하다

친첸도르프 초상(조나스 하스, 1750)

17세기 루터파의 종교개혁 운동으로 시작된 경건주의는 그리스도인의 내적 변화, 성경에 대한 존중, 삶의 성화 그리고 기존 교회와 신학에 대한 저항 운동이었다. 30년 전쟁 이후 인구와 산업의 퇴보, 영적 타락으로 희망이 없던 시대에 사람들은 토머스 아 켐피스, 존 버니언, 리처드 백스터 등의 저서에 위안을 받았는데, 이런 모든 갈망이 경건주의를 탄생시켰다.

요한 아른트(1555~1621)와 필립 슈페너(1635~1705)는 경건주의의 대부 격이다. 아른트의 《참된 기독교》로 공부한 슈페너는 목회하면서 경건회 모임을 운영했으며, 저술 활동을 통해 교회에서의 목회자와 평신도의 문제, 국가 문제 등을 지적했다. 뒤이어 어거스트 프랑케와 요한 벵겔 등이 활동했다.

니콜라스 친첸도르프(1700~1760)는 슈페너의 대자(代子)로 세례를 받았는데, 프랑케의 제자가 되어 그의 큰 영향을 받았다. 1721년 정부 관리로 궁정에서 일하던 친첸도르프는 후스파 핍박의 망명자들인 모라비안 형제단을 만나 그들에게 사유지를 제공해 정착시킨다. 모라비안은 그곳을 거점으로 보헤미안 형제단을 조직했고, 친첸도르프는 세상의 소금처럼 살려는 그들의 삶을 보고 궁정을 나와 합류했다.

"있는 그대로 나오라. 그리스도의 구원을 믿기만 하면 된다"라는 슬로건 아래 모라비안 교회는 크게 부흥했고, 친첸도르프는 1737년 감독으로 임명됐다. 그들의 숫자는 적었지만 100명 이상의 많은 선교사를 파송하면서 19세기의 선교 부흥에 큰 영감을 주었다. 경건주의는 20세기의 성서신학에 이바지했고, 종교적 신앙에서 탈피하는 계기를 만들었다.

---

**⊅ 댓글** | Godly | '경건'은 그리스어로 '유세베이아'인데, 하나님에 대한 신앙을 의미하며 Godliness, Holiness, 사람의 의무를 말할 때는 Piety로 번역됩니다. 여기서 경건주의는 파이어티즘(Pietism)입니다.

# 존 웨슬리와 찰스 웨슬리 형제의
# 회심과 감리교의 태동

〈야외에서 설교하는 존 웨슬리〉(작자 미상, 1742)

1700년대의 경건주의 운동은 많은 사람에게 영향을 미쳤다. 그중 영국의 존 웨슬리(1703~1791)와 찰스 웨슬리(1707~1788) 형제가 있다. 찰스 웨슬리가 먼저 이 운동을 시작했는데, 나중에 명 설교가가 되는 조지 휘트필드도 함께했던 경건주의 모임 '홀리클럽'을 운영했다.

성공회 목사였던 존과 사제 서품을 받은 찰스가 1735년 아메리카 조지아 원주민 선교를 위해 가던 중 폭풍우를 만났다. 배가 흔들리고 모두 겁을 먹은 상태였지만, 한쪽에서 찬송을 부르며 기도하는 20여 명의 모라비안 형제단 성도들을 본 존 웨슬리는 큰 충격을 받았다. 웨슬리는 그 모습이 자신이 본 것 중 가장 영광스러운 장면이었다고 썼다. 그들은 1736년 2월 아메리카에 도착해 각각 식민지 목회 사역을 했다.

웨슬리 형제는 2년 뒤에 큰 소득 없이 돌아왔다. 1738년에는 동생 찰스가 진심으로 회심하여 그리스도를 구주와 주님으로 영접했고 존도 어느 날 마르틴 루터의 로마서 주석의 한 부분을 읽다가 특정 시간에 구원의 확신을 느꼈다는 유명한 일화를 남겼다. 이후 웨슬리는 모라비안과 별도로 독자적인 사역을 시작했다.

존 웨슬리는 칼빈의 예정설을 따른 조지 휘트필드와 달리 인간의 자유의지를 강조하며 알미니안주의를 지향했다. 웨슬리 사후에 미국과 영국의 감리교는 성공회에서 독립했으며, 감리교로부터 구세군과 성결교, 오순절파 등이 나왔다. 이들이 운영한 홀리클럽은 성경 묵상, 금식, 만찬 등을 철저히 실천하면서 하나님을 추구해 '방법론자(Methodist)'라는 별명을 얻었고, 그 이름이 메도디스트 처치, 즉 감리교가 되었다.

---

**↪ 댓글** │ 감리교신자 │ 웨슬리 형제와 조지 휘트필드는 칼빈주의 교리 문제로 사이가 벌어졌지만, 1749년경 화해했습니다. 찬송가 작시자이기도 했던 찰스 웨슬리는 휘트필드가 죽었을 때 537행의 시를 남겨 그를 애도했지요.

# 프랑스 대혁명,
# 인권이 종교를 단죄한 충격의 시대

〈민중을 이끄는 자유의 여신〉(외젠 들라크루아, 1830)

1789년 5월부터 1799년 11월까지 이어진 프랑스 대혁명은 절대왕정 하에서 2%에 불과한 왕과 성직자와 귀족에 대항해 총궐기한 시민들이 모든 체제를 전복시킨 사건이다. 불평등에 대한 불만을 참다못한 시민들의 분노가 미국 독립전쟁에서 본 자유의식의 영향, 만인 평등을 주장한 루소의 철학 등의 각성으로, 흉작이 심했던 1789년에 폭발한 것이었다.

국가 재정의 파탄과 지도자 계급의 부패에 분노한 98%의 프랑스 민중 계급은 7월에 제헌국민의회를 만들어 헌법 개정에 착수했다. 이후 바스티유 감옥을 점령해 무기를 탈취하고, 베르사유 궁전에 난입하기도 했으며, 8월에는 프랑스 인권 선언을 채택했다. 단두대(기요틴)를 만들어 마리 앙투아네트를 비롯한 많은 이를 처형했다.

문제는 가톨릭과 개신교를 망라한 기독교 전체를 향한 강력한 반감이었다. 혁명 지도자들은 헛된 믿음에 불과해 보이는 종교를 극복할 과학과 이성의 새로운 시대를 열기 위해 초기에는 '이성의 제의', 후에는 '지존자의 제의'라고 불린 특유의 종교를 만들어냈다. 이성의 신전들이 건축되고, 공식 성인으로 예수, 소크라테스, 마르크스, 루소 등이 지정된다. 새 종교의 신봉자들은 형식적 기독교 예배를 허락했지만 자유의 제단 앞에서의 맹세를 거부하는 사제들은 반혁명죄로 단두대에 보내 2천~5천 명의 가톨릭 사제를 비롯해 무수히 많은 수녀와 신자들이 처형되었다.

1795년에 공포 정치가 끝났으나, 정부는 계속 기독교를 대적했다. 1798년 프랑스 군부를 장악한 나폴레옹이 1799년 11월에 집권하면서 프랑스 대혁명은 역사 속으로 사라졌다.

---

→ 댓글   terrible   영화 〈레미제라블〉이 이때의 이야기죠. 단두대는 프랑스에서 1977년까지 사용됐다고 하는데요. 히틀러는 1930년대에 정적들을 제거하기 위해 단두대에서 2만 명이 넘는 사람을 죽였다고 합니다.ㅠㅠ

# 1800년대를 '선교의 세기'로 만든
# 황무지의 선교사들

**애도니럼 저드슨 초상**(작자 미상, 1800년대)

최초의 해외 선교사인 영국의 윌리엄 캐리(1761~1834)는 33세 때 영혼들을 향한 안타까움에 인도행을 결심했다. 엄청난 반대를 딛고 인도에 도착했지만, 1년 만에 다섯 살 아들이 이질로 죽고 아내는 정신착란으로 고통을 겪었다. 선교하는 7년 동안 한 명의 개종자도 얻을 수 없었으나, 1803년부터 18년간 600명이 회심하고 수천 명이 예배에 참석하는 역사가 일어났다. 그는 인도 방언 등 44개 언어로 성경을 번역, 출판하기도 했다.

미국의 애도니럼 저드슨(1788~1850)은 1813년부터 37년을 불교 국가 버마(미얀마)에서 선교했다. 수백 명의 미얀마인과 카렌족 사람들을 전도했으며, 성경과 신앙 서적들을 2개 언어로 번역했다. 그 역시 오랜 세월 회심한 영혼을 얻지 못했고, 아픔과 고통 속에서 아내와 두 자녀를 병으로 떠나보내야 했다. 제1차 영국─미얀마 전쟁 때는 간첩으로 몰려 1년 이상 투옥되기도 했지만 그의 사역의 결실로 미얀마에는 오늘날 약 200만의 성도가 있다.

영국의 허드슨 테일러(1832~1905)는 열일곱 살에 그리스도를 영접했고, 1854년 스물두 살에 중국으로 떠났다. 개신교 선교사로는 최초로 중국인의 옷과 머리 모양 등을 수용하는 등 그들의 문화 속으로 깊이 들어간 선교사였다. 테일러는 73세에 후난성에서 눈을 감을 때까지 51년 동안 선교 활동을 펼쳐 세계 각국에 중국선교회 지부가 생겨났으며, 이를 통해 600명의 선교사가 파송되기도 했다. 이들 외에도 해외 불모지 선교는 19세기에 극심한 고난을 거치면서 20세기에 꽃을 피워 비서구권 기독교 인구는 20세기 초에 비해 비약적으로 성장하며 열매를 맺었다.

---

↪ 댓글  mission-possible  애도니럼 저드슨은 윌리엄 캐리의 영향으로 침례교인이 되었다고 하죠. 덕분에 미얀마 기독교는 침례교단이 많습니다. 2021년 군부 쿠테타 이후 많은 이들이 죽어가고 있는데, 반드시 시민이 승리해 자유를 되찾았으면 좋겠네요.

# 찰스 스펄전,
# 설교의 황태자로 불린 침례교 목사

**찰스 스펄전 초상(작자 미상)**

영국의 침례교 목사 찰스 헤이든 스펄전(1834~1892)은 켈비돈에서 목사의 아들로 태어났다. 그는 1850년 겨울에 회심했다. 어느 일요일 아침, 한 예배 장소로 가다가 폭설과 눈보라로 더는 앞으로 나아갈 수 없자 옆길로 빠져 한 작은 교회로 갔다. 그곳에는 15명 남짓한 성도가 있었는데, 눈 때문에 목사는 오지 못했다. 구두 장인이거나 재단사 같은 왜소한 남자가 설교하고자 연단에 올랐지만 그는 별다른 내용 없이 성경 본문에 의지해 설교했다. "땅의 모든 끝이여, 나를 바라보라. 그리하여 너희는 구원을 받을지어다."(사 45:22) 스펄전은 그 말씀에서 소망의 빛을 발견했다.

1851년 5월에는 정식으로 신앙을 고백하고 케임브리지로 이주해 세인트앤드루스 스트리트 침례교회로 교적을 옮겼다. 1852년에는 워터비치 침례교회 목사로 취임했는데, 10명의 신자가 1년 만에 400여 명으로 늘어났다. 스무 살도 되기 전인 1854년 런던 중앙의 뉴파크 스트리트 침례교회 목사로 취임한 뒤 성도가 매주 4,500명씩 예배에 참석했고, 넓은 장소에서 설교했을 때는 2만 3,000여 명까지 찾아왔다. 1861년에는 런던 남부에 메트로폴리탄 태버내클을 건축해 입당했는데 그가 은퇴할 때까지 5,300명 정도가 모였다.

수천 편의 복음적 설교를 한 번도 반복하지 않고 늘 새롭게 해서 스펄전은 '설교의 황태자'라는 별명을 얻었다. 그는 작은 도서관에 맞먹을 정도인 1만 2,000권 넘는 책을 소장하기도 했다. 스펄전은 '성경의 무오성'을 부인하는 자유주의 신학이 침투하는 것을 항상 경계했고, 단번에 받는 구원의 영속성을 가르쳤다.

---

**댓글** **grace** "스펄전 목사는 정말 놀라운 설교자야!" 그는 자기 설교를 들은 사람이 하는 말을 우연히 듣고 눈물을 흘렸다고 하죠. 사람들이 왜 울었느냐고 묻자 그는 대답했답니다. "나는 '예수님은 정말 놀라운 구원자야!'라고 고백하는 이야기가 듣고 싶었습니다."

# 초등 학력의 무디,
# 1억 명에게 복음 선포해

드와이트 라이먼 무디

권능의 복음 선포자 드와이트 라이먼 무디(1837~1899)는 매사추세츠주 노스필드에서 태어났다. 초등학교 5학년 때 아버지가 죽자 극심한 빚과 가난에 시달리면서 농장에서 일을 했고, 학업도 중단해야 했다.

17세 때는 시카고의 외삼촌 새뮤얼 홀턴의 구두 제화점 영업사원으로 일했는데, 늘 성실하고 수완이 좋았다. 1856년에 예수님을 영접한 그는 빈민가 어린이 전도 사역을 했다. 1875년에는 빈민가에 교회를 설립해 쉽고 설득력 있는 설교로 은혜를 끼쳤다. 감동적인 찬양을 부르는 복음가수 아이라 생키와 팀을 이루어 폭발적으로 사역하는 무디를 찾아서 전세계에서 사람들이 모여들었다.

무디는 영국, 스코틀랜드, 아일랜드 등지에서도 설교하고 전도했는데, 앉을 자리가 없을 정도로 사람들이 모였다. 남북전쟁 때는 군인들에게 설교해 많은 이가 회심했다. 그는 당대에 가장 유명한 복음전도자였고, 평생 1억 명에 가까운 사람들에게 복음을 전했다고 한다.

삶을 끝마칠 때가 가까워지자 무디는 바라던 천국을 고대하며 이렇게 썼다.

"언젠가 여러분은 무디가 죽었다는 기사를 읽게 될 것입니다. 하지만 절대 그렇지 않습니다! 그 순간 저는 지금보다 훨씬 더 생생하게 살아 있을 것입니다. 그저 이 오래된 흙집에서 나와 영생을 누릴 집으로 더 높이 올라간 것일 뿐입니다…. 저는 육체로는 1837년에 태어났고, 영으로는 1856년에 태어났습니다. 육체로 태어난 것은 죽겠지만 영으로 태어난 것은 영원히 살 것입니다."

---

**⇨ 댓글** | **power** | 영국의 설교자 헨리 발리가 말했습니다. "무디. 세상은 온전히 자신을 구별해 드린 사람을 통해 하나님이 어떤 일을 행하실지 아직 보지 못한 것 같습니다." 이 말에 무디가 말했습니다. "하나님의 도우심으로 제가 그런 사람이 되겠습니다!"

# 찰스 다윈의 《종의 기원》이
# 교회와 성경에 미친 영향

찰스 다윈(1869)

영국의 찰스 다윈(1809~1882)은 신학을 공부했지만 생물 연구에 관심이 더 많아 22세에 해군 탐사선 비글호를 타고 5년간 갈라파고스 제도 등지에서 생물학과 지질학을 연구한 박물학자다. 그는 오래 망설이다 앨프리드 윌리스의 제안에 용기를 내 뒤늦게 논문 〈자연 선택에 의한 종의 기원〉을 공동 발표한다(1859). 자연 발생과 진화는 원래 있던 생각이지만 자연 스스로 생존을 위해 진보하는 '자연 선택' 개념으로 주목을 받았다.

이 매혹적인 사이비 과학은 어떠한 증거도 없었지만 엄청난 반향을 일으키며 창조 신앙을 받아들이기 싫은 사람들에게 도피처가 되었다. 다윈의 처음 아이디어는 신이 최초의 씨앗이 되는 공통 조상을 창조한 뒤에 그것이 진화했다는 생각이었지만 후대에 점점 확대되어 우주의 진화와 생명의 자연 발생까지 설명하는 이론으로 환영받았고, 다른 학문에도 영향을 미치면서 수용되었다.

진화론에 대한 관심은 교계에서도 예외가 아니었다. 한 예로 신약성경 번역의 대본이 되는 그리스어 본문을 심각하게 훼손한(약 7%) 로마 가톨릭 성향의 케임브리지 학자 존 호르트는 진화론에 큰 감명을 받아 J. 엘러튼에게 보낸 편지에서 이렇게 밝히기도 했다. "(최근) 나의 주의를 가장 많이 끈 것은 다윈의 책이오. 동시대인으로서 자부심을 느껴야 할 책입니다. 만일 사실이라면 새 시대가 열리는 것입니다."

성경의 무오류성과 창조의 진리가 공격받는 시대가 열렸다. 호르트는 동료인 브룩 웨스트코트 주교와 오컬트에 심취해 영국심령협회를 함께 했고, 사회주의를 옹호했으며, 무디 같은 복음주의자들을 크게 경계했다.

⇨ 댓글 │ 마귀의한수 │ 오늘날 복음주의의 위축에는 마귀의 오랜 작업이 있었다. 그중 진화론은 가장 탁월한 성공사례 중 하나다. 진화론은 과학사가 아니라 교회사에 반드시 기록되어야 할 타산지석인데, 교계는 오히려 유신진화론에 빠져 타협하는 것이 오늘의 현실!

# 영감 넘치는
# 찬송가를 지은 사람들

패니 제인 크로스비(1903)

오늘날 성도들이 즐겨 부르는 찬송가들은 검증된 가사와 오랫동안 애창되어온 멜로디가 주를 이루는데, 대부분이 19세기 전후로 만들어져 미국과 유럽의 부흥 집회 등에서 연주되었다. 창작가들은 주로 역경을 이긴 간증과 그 과정에 함께하신 하나님을 찬양했다.

가장 유명한 사람은 작사가 패니 제인 크로스비(1820~1915)인데, 어릴 때 의사의 실수로 실명해서 시각 장애인이 되었지만 오히려 늘 자족하고 감사하며 영감 넘치는 찬양을 만들었다. 〈나의 갈 길 다 가도록〉, 〈예수로 나의 구주 삼고〉, 〈예수께로 가면〉 등 수많은 아름다운 찬송들로 지금까지 성도들에게 큰 은혜를 주고 있다.

스웨덴의 크로스비로 불린 리나 샌델(1832~1903)은 여행 중 아버지의 선박 익사 사고로 받은 충격을 감사로 승화하며 〈날마다 숨 쉬는 순간마다〉(1865)를 지었다. 〈예수가 우리를 부르는 소리〉(1880)는 윌 톰슨이 쓰고 만든 곡인데, 친한 친구였던 무디가 가장 사랑한 찬송이었다. 찰스 웨슬리는 〈만입이 내게 있으면〉의 가사를 썼는데(1739), 모라비안 교도의 지도자 피터 보허러가 한 말로 이 찬송을 지었다(글레저 작곡, 1839). 〈구주 예수 의지함이〉는 루이자 스테드 여사가 남편을 잃은 비통함으로 식음을 전폐하고 기도하다가 만든 찬송이다(킬패트릭 작곡, 1882).

미국의 스패퍼드 변호사는 유럽 여행으로 아내와 네 딸을 먼저 보냈는데, 선박 침몰로 226명이 죽고 47명만이 살았다. 그는 '혼자만 생존함'이라는 아내의 전보를 받고 가던 중 배의 침몰 지점에서 밤새 절규하다가 놀라운 평안을 경험한 뒤 가사를 썼다(1873). 그 경험이 후렴 '내 영혼 평안해'로 유명한 〈내 평생에 가는 길〉이 되었다(블리스 작곡, 1876).

---

⊙ 댓글 | praisetheLord | 노예 운반선 선장으로 항해 중 폭풍우를 만났다가 참회하고 〈나 같은 죄인 살리신〉을 지은 존 뉴턴 이야기도 감동입니다.

# 초기 미국 교회와
# 1, 2차 영적 대각성 운동

〈설교하는 조지 휘트필드〉(존 콜레트, 18세기)

미국으로 이주한 사람들은 핍박이 없는 환경에서 살았지만 냉랭해가는 다음 세대의 신앙을 크게 우려해 부흥을 절실하게 갈망한다. 뉴저지의 네덜란드 개혁교회에서 처음 일어난 각성 운동은 테넌트와 그의 아들이 회심해 세운 훈련 학교가 큰 역할을 했다.

• 1차 대각성 운동(1726~1770) : 이때는 조너선 에드워즈(1703~1758)와 조지 휘트필드의 설교가 사람들을 감화시켰다. 당시 미국 정착민의 10%에 해당하는 3만 명 정도가 회심했고, 150개 이상의 교회가 세워졌으며, 출석률이 크게 증가했다. 또 많은 젊은이가 목회자로 나서는 계기가 되었다. 대각성 지도자들을 따라 침례교와 감리교가 성장했고, 성경의 권위가 올라갔으며 신학 서적이 많아지고, 즉흥 설교도 유행했다. 사회적으로는 자선 사업이 늘어나고 학교 건설도 증가했다. 대각성 운동은 건국 초기의 모든 면에 큰 영향을 미쳤으며, 영국으로부터 독립 정신도 고취하는 계기가 되었다.

• 2차 대각성 운동(1790~1835) : 1775년부터 1783년까지 이어진 독립전쟁 중에 1776년 7월 4일에 13개 주 대표들이 필라델피아에 모여 독립을 논의했는데, 이날이 미국의 독립기념일이 됐다. 이후로 유럽에서 많은 이민자가 이주했고, 덕분에 가톨릭과 루터교, 동방정교, 유대교 신도가 증가해 큰 혼란이 발생했는데, 이때 켄터키주의 케인 릿지를 중심으로 2차 대각성 운동이 일어난다. 이 시기에는 티모시 드와이트와 드와이트 라이먼 무디가 가장 활발히 활동했다. 그 결과 교파 중심 시대로 나뉘고, 큰 교단은 독립한다. 보수와 진보 신학의 갈등도 본격화한다. 노예제도에 대한 문제도 떠올라 교단별로 찬반 논쟁이 이어졌다.

---

**↩ 댓글** **again-revival** 테넌트 부자가 세운 훈련학교는 통나무 대학(Log College)이라는 조롱 섞인 별칭이 붙었지만, 그곳이 바로 오늘날의 프린스턴 대학이라고 합니다~. ㅎㄷㄷ

# 몰몬교, 안식교, 여호와의증인…
# 이단 종파들의 태동

찰스 테이즈 러셀

19세기에는 굵직한 기독교 이단들이 등장했는데, 그중 유명한 세 가지를 살펴본다.

- 예수그리스도후기성도교회(몰몬교) : 1830년 어느 교파에도 속하지 않은 이들이 만든 교단이다. 설립자 격인 조셉 스미스 주니어가 직접 성부와 성자를 만나 어느 조직에도 속하지 말라는 계시를 받았다고 한다. 천사로부터 고대 기록이 적힌 땅속 금판을 받아 3개월간 번역한 것이 모르몬경인데, 성경과 함께 공식 경전으로 삼고 있다. 그들은 신자들을 모르몬이라고 부른다. 거리에서 흰 셔츠와 양복바지를 입고 전도하는 것으로 유명하며, 미국에서는 네 번째로 큰 기독교 교단이다.

- 제칠일안식일예수재림교회(안식교) : 1863년 미국에서 설립된 근본주의 성향의 개신교단으로 세계교회협의회(WCC)의 멤버지만, 대개 이단으로 분류한다. 1844년 재림을 예언한 윌리엄 밀러의 예측이 두 번 빗나간 '대실망' 이후 시한부종말론을 경계했지만, 재림이 미뤄지는 이유는 구약의 율법을 따르지 않기 때문이라고 주장한다. 이들은 일곱째 날인 안식일(土)에 예배하지만, 주의 첫날(日)은 예수님 부활 후 사도들의 모임을 축복한 것(요 20:19)에서 시작된 날로 안식일이 이동한 것은 아니다.

- 여호와의증인 : 1870년 미국의 찰스 테이즈 러셀(1852~1916)을 중심으로 결성된 회복주의 성향의 기독교 분파이다. 이들은 예수님을 하나님으로 보지 않으므로 삼위일체를 부정하고, 성경이 말씀하는 영혼 불멸의 원리를 믿지 않으며, 구원받지 못한 영혼은 '소멸된다'고 가르친다. 이들은 왕국회관이라는 예배당에서 모이며, '파수대'라는 소식지로 포교한다. 또한 수혈을 받지 않고 무기를 들지 않는다는 교리를 지킨다.

---

💬 댓글 │ **팩트체커** │ 세계적으로 이들 종파의 인구는… 몰몬교가 약 1,700만 명, 안식교가 2,100만, 여호와의증인은 800~900만 정도로 추산합니다(위키백과 기준).

# 크리스천 사이언스,
# 기독교의 탈을 쓴 과학 사상의 등장

메리 베이커 에디

신적인 존재를 부정하고 과학을 신봉하는 '크리스천 사이언스'의 창시자 메리 베이커 에디(1821~1910)는 젊어서 계속 질병에 시달렸고, 남편과 두 번 사별했다. 엄청난 질병의 고통에 시달릴 때 최면술사 파이니어스 큄비를 찾아갔는데, 그는 "질병은 오류의 결과이며 진리의 지식만 있으면 고칠 수 있다"고 했다. 메리는 큄비에게 치유된 후 그의 제자가 된다. 그러나 그녀는 말년까지도 영적, 육체적 고통이 극심했다.

1875년 메리는 《성경의 열쇠로 푸는 과학과 건강》을 출판했는데, 그녀의 생전에 382판이 인쇄될 정도로 많이 팔렸다. 1879년에는 보스턴에 크리스천 사이언스 교회를 세운다. 이들은 하나님, 그리스도, 구원, 삼위일체 등의 용어를, 마치 영지주의처럼 전혀 다른 영적 의미로 해석했다. 모든 질병을 치유하려면 의사와 약을 사용하지 말고 원래 예수님이 사용했다가 이제 그녀가 재발견한 '영적 과학'을 사용해야 한다고 주장했다.

1881년에는 '형이상학 대학'을 세우고 목사가 아닌 시술자들(Pracitioners)을 배출했다. 1908년 창간한 〈크리스천 사이언스 모니터(CSM)〉는 120여 국가에서 주중에 매일 수십만 부를 발행한다.

인간의 의식이 향상되고 과학이 발달하면 인간이 처한 모든 문제를 해결할 수 있다고 믿는 크리스천 사이언스는 명백한 유사 기독교 이단이며, 1954년 론 허버드가 창시한 과학 종교로 배우 톰 크루즈, 존 트라볼타, 더스틴 호프만, 제니퍼 로페즈 등이 신봉하는 사이언톨로지와 닮았다. 이 모두가 고대 비밀교의를 다루는 신지학과 뉴에이지 종교에 맞닿은 것이며, 기독교 안에도 노먼 필의 적극적인 사고방식이나 조엘 오스틴의 믿음의 말(WOF) 교리 등의 신사상에 영향을 미쳤다.

---

⮕ 댓글 어이가없네? 크리스천 사이언스는 영지주의, 마니교, 강신술, 신비주의, 심리학 등이 과학의 탈을 쓴 사이비 종교 아님? '사이언스'라 쓰고 '사이비'라 읽으면 됨.

# 사회주의와 소련의 등장으로
# 러시아 정교회 몰락해

레닌이 등장하는 러시아 혁명 포스터(1967)

10세기의 분리 이후 조용했던 러시아 정교회는 20세기에 들어 크게 박해를 받아 소멸 위기에 처한다. 1917년 러시아 혁명으로 러시아는 사회주의 국가가 되고, 1922년에는 인근 12개 국가를 묶은 소비에트 사회주의 공화국 연방(소련)이 탄생했다.

러시아의 독재자 레닌(1917~1923 집권)은 신을 믿는 행위 자체를 타락으로 규정했다. 공산 사회주의는 유물론과 진화론, 무신론을 근본으로 하기 때문에 모든 것은 물질로만 해석되고, 약육강식의 원리로 작동했다. 레닌으로부터 모든 권리를 박탈당한 러시아 정교회의 티콘 대주교가 그의 정책을 비난하자 28명의 주교와 천여 명의 사제들을 처형했다.

1920년대부터 1953년까지 실세였던 후계자 스탈린은 마르크스에 심취해 정교회를 떠난 신학생 출신이었다. 그는 레닌보다 더 큰 종교탄압을 이어갔다. 정교회 성직자들을 투옥하고 처형했으며, 18세까지는 종교 교육을 못 하게 막았다. 개신교 교회들은 더 큰 탄압을 받아야 했다. 기독인들은 열악한 지방으로 거처를 옮기고, 자녀들은 좋은 학교에 다닐 수 없었다. 많은 교회가 무신론 박물관으로 개조되었다.

제2차 세계대전 발발(1939) 후 정교회가 독일에 대항해 소련 군대를 지원하면서 약간의 숨통이 트였고, 스탈린의 관심이 민족주의 세계강대국 건설로 옮겨가면서 종교 탄압의 강도가 약해졌다. 그러나 후임 흐루쇼프(1953~1964 집권)는 일반 국민에게는 자유를 많이 허용했지만 교회는 다시 탄압했고, 열렸던 교회 문은 다시 닫힌다. 흐루쇼프 퇴임 후 교회에 대한 탄압은 느슨해졌으나 이미 러시아에서 교회는 유명무실해진 뒤였다.

---

**⇨ 댓글** gospel 1991년 소련의 해체로 나머지 국가들은 독립하고, 소련은 러시아가 계승하는데. 과거 안톤 체호프나 톨스토이 등의 문학 작품에 등장하는 종교적 심오함이나 인간적 따스함은 지금 찾아볼 수 없고, 가난하고 비상식적인 사회주의 국가의 이미지만 남았죠.

# 제2차 세계대전과
# 나치 히틀러의 유대인 대학살

**연설하는 아돌프 히틀러**

나치 독일의 총통인 아돌프 히틀러(1889~1945)는 아리아 인종의 우월성을 앞세운 약육강식 사상으로 사람들을 사로잡았다. 무엇에 홀린 듯 추종자들은 뛰어난 웅변가이자 극우주의자인 그를 추종했고, 독재와 폭정에 충성을 바쳤다. 히틀러는 진화론을 신봉한 사람이었는데, 유대인에 대한 증오와 인종차별로 아우슈비츠 같은 강제수용소와 가스실에서 그들을 죽이거나 각종 생체실험 도구로 사용하는 등 만행을 정당화했다.

에른스트 헤켈 같은 진화론자는 독가스로 열등한 종족을 죽여야 인류가 진보한다는 이론을 주장했고, 실제로 가스를 사용하기도 했다. 국가도 없이 유럽 전역에 흩어져 살던 600만 명의 유대인이 히틀러의 명령에 죽임을 당했다. 그의 저서 《나의 투쟁》 중 '불치병자의 단종'이라는 부분을 보면 그의 반인륜적 사상을 알 수 있다.

"결함 있는 인간이 결함 있는 자손을 생식하지 못하도록 하려는 것은 가장 명석한 이성의 요구이며, 그 요구가 계속 수행된다면 인류의 가장 인간적인 행위가 될 것이다. 그 요구는 몇 백만의 불행한 사람들의 고뇌를 없애줄 것이며…."

히틀러 같은 자들에게 모든 사람을 천하보다 귀하게 보는 성경의 가르침은 역겨운 것이었다. 불필요한 자의 제거는 인류의 진보를 위한 일이었기에 거리낌이 없었다. 1939년 당시는 히틀러가 '노벨평화상' 후보에 오를 정도로 유럽 전체가 집단 최면에 걸린 광기의 시대였다. 그는 연합군에 패배한 1945년 4월 30일 에바 브라운과 결혼식을 올린 뒤 40시간 만에 자살했다. 하지만 그의 도주설과 생존설도 오늘날까지 존재한다.

---

**⤷ 댓글** **thecruelwar** 영화감독이자 배우인 찰리 채플린은 히틀러의 광기를 염려해 〈위대한 독재자〉에서 그가 유대인들을 잡아다 죽이는 미래를 풍자했는데, 나중에 현실이 되죠. 그러나 그가 영화에서 말한 평화적 반전은 현실에서 일어나지 않았습니다.

# 젊은 신학자 디트리히 본회퍼,
# 나치 독일에 처형당해

**디트리히 본회퍼**(1924)

히틀러는 노골적으로 기독교를 탄압했다. 디트리히 본회퍼(1906~1945)는 그 탄압에 희생된 대표적인 인물로 1934년 히틀러에 반대해 생겨난 독일 개신교파 '고백교회'를 만드는 일에 참여하기도 했다. 그는 라디오 방송 등을 통해 "히틀러가 그리스도의 자리에 있다"고 비난하면서 나치의 표적이 되었다.

1939년 본회퍼는 미국에 1년 동안 체류하라는 친구들의 권고로 미국에 도착하지만 자신의 실수를 깨달았다. 독일에 남은 동료들이 곧 '히틀러냐, 하나님이냐' 하는 질문을 강요받게 될 것을 알았고, 그것이 편안한 상태에서는 선택할 수 없는 숙제라고 판단했기 때문이다. 그는 다시 독일로 돌아가 험난한 삶을 기꺼이 받아들였다.

예상대로 탄압이 거세지면서 베를린 시내 거주가 금지됐고, 1940년에는 비밀경찰에 발각된 지하신학교가 폐쇄되었으며, 출판과 공개 강연의 길도 막혔다. 그러나 본회퍼는 이후 3년 동안 히틀러와 싸우는 지하조직에 더 깊이 개입했다. 그는 평화주의의 한계를 느끼고 히틀러 암살 계획에 동참하기까지 했다. 원치 않지만 다른 길이 없었기 때문이었다. 하지만 계획이 발각되어 1943년 독일군에 체포된다. 수용소와 감옥을 전전하는 동안에도 두루 존경을 받은 그는 '종교 없는 기독교', 즉 종교성을 뛰어넘는 참된 기독교를 추구했다.

연합군의 반격에 따라 패배를 직감한 나치 독일은 자신들의 적을 형식적 군사재판 후 처형했는데, 그중 한 사람이 본회퍼였다. 1945년 4월 9일, 그는 교수형을 당했다. 연합군이 본회퍼가 있던 플로렌뷔스크 감옥을 점령했을 때는 이미 며칠 전에 사형당한 후였다.

---

**⟲ 댓글**  참된용기  본회퍼가 수용소에 있을 때는 간수들도 그를 존경해서, 옥중 메시지를 밖으로 비밀리에 유출하도록 했다지요. 그의 편지들은 《옥중서간》으로 출간되었습니다.

# 이스라엘 민족이 당한
# 긴 고통의 역사와 성경의 예언

예루살렘 홀로코스트 기념관의 희생자들

예루살렘 함락 이후 살아남은 유대인들은 전 세계로 흩어졌다. 그들은 어디서든지 안식일을 지키며 모여야 했는데, 안식일에 먼 길을 이동하거나 매매를 하지 못하게 되어 있는 유대인들의 율법 때문에 집단으로 모여 살 수밖에 없었다.

또한 다른 민족들이 그들을 핍박했기 때문에 특별구역을 지정받아 살기도 했다. 그들은 까닭 없이 미움을 받기도 했지만 '그리스도를 죽인 자들'이라는 이유로 로마 가톨릭교회와 종교개혁자에게까지 죽임과 핍박을 당하기도 했다. 히틀러 같은 자에게는 열등한 종족으로 몰려 아우슈비츠 수용소 등에서 수백만이 몰살당했고, 두뇌가 우수한 탓에 각 나라로 끌려가기도 했다.

이들의 시련은 예견된 것이었다. 유대인들이 창세기와 무수한 대언자들의 글에 예언된 메시아를 몰라보고 예수 그리스도를 십자가에 못 박을 때, 총독 빌라도는 그에게서 죄를 찾지 못하여 심적인 갈등을 느꼈다. 그러나 우유부단한 그는 폭도들에게 떠밀려 예수님을 죽이기로 하고 백성을 향해 말한다.

나는 이 의로운 사람의 피에 대해 무죄하니 너희가 그것과 상관하라 | 마 27:24

그러자 백성은 명절이라 한 사람을 풀어주게 되어 있는 기회를 사악한 강도 바라바에게 주면서 사람의 아들로 오신 하나님을 죽음에 넘기고 의기양양하게 말한다.

그의 피가 우리와 우리 자손에게 임하리이다 | 마 27:25

그들의 말대로 유대인은 홀로코스트라는 혹독한 결과를 맞이했고, 2천 년 동안 자손들도 갖은 고초를 겪었다.

---

↪ 댓글 | 인과응보 | 하나님의 심판은 무섭구나. 함부로 말할 일이 아니다. 아직도 회개하지 않는 유대인들이 빨리 깨달았으면 좋겠는데….

# 이스라엘, 독립국가 선포로
# 성경의 예언을 이루다

**독립일 당시 거리로 나온 유대인들**

1948년 5월 14일, 이스라엘은 드디어 독립한다. 영국이 팔레스타인 위임 통치를 끝냈을 때, 이스라엘 정부는 65만 명이 모인 국가를 정식 설립했다. 거의 2,000년을 흩어져 살던 민족이 다시 서는 것은 세계사에서 유일하다. 국가명도 맨 처음 하나님이 주신 이름 그대로였다.

이스라엘의 독립을 용납하지 않았던 아랍 국가 동맹은 이스라엘에 선전포고를 한다. 이때 일어난 독립전쟁(제1차 중동전쟁)에서 수는 많았지만 무기력했던 아랍 군대들이 패전하면서 이스라엘은 더 많은 영토를 차지한다. 예루살렘 서쪽 지역은 이때부터 이스라엘이 점령했다. 이 지역은 1950년부터 정치적 수도가 되었고, 텔아비브는 행정수도가 되었다.

이스라엘은 1949년에 네게브 사막을 포함한 팔레스타인 땅 3,200㎢를 차지하며 총 11,000㎢의 영토로 확장했다. 그해에 유엔군이 이스라엘의 공공질서를 확립하는 데 도움을 주도록 허용되지만 아랍인들은 유엔의 결의를 수용하지 않았다. 이때 70~80만 정도의 팔레스타인 피난민들은 인근 아랍 국가들로 이주한다.

1948년 회복의 역사는 바빌론으로부터의 회복이 아닌 두 번째 회복, 즉 온 나라로 흩어진 민족이 모이는 것에 관한 예언 성취의 실현이었다.

그날에 주께서 다시 자신의 손을 두 번째 세우사 자신의 백성 중의 남은 자들 곧 남게 될 자들을 되찾되 아시리아와 이집트와 바드로스와 구스와 엘람과 시날과 하맛과 바다의 섬들로부터 되찾으실 것이요, 또 그분께서 민족들을 위하여 기를 세우시고 이스라엘의 쫓긴 자들을 모으시며 땅의 사방에서부터 유다의 흩어진 자들을 함께 모으시리라 | 사 11:11~12

> 댓글  surprise!  이스라엘이 다시 선 것도 놀랍고, 그 험악한 중동 국가들 틈바구니에서 모든 전쟁을 이기면서 강소 국가로 견디는 것도 신기함. 진짜 이스라엘은 하나님의 백성이 확실함.

# 6일 전쟁, 다윗과 골리앗의 싸움보다
# 더 경이로운 승부

**6일 전쟁의 주역, 모셰 다얀 국방장관**(가운데)

1952년 제2차 중동전쟁 이후 1960년대에 이스라엘 정보국은 아랍이 군사적으로 공격할 계획을 세운 사실과, 소련의 무기가 그들에게 대량 유입되고 있다는 정보를 입수했다. 이스라엘은 1967년에 이집트와 요르단, 시리아를 선제공격한다(제3차 중동전쟁). 병력 수는 아랍이 무려 30배나 우세했지만 이스라엘의 육군과 공군은 이들 나라를 쳐부수고, 수에즈에 있는 소련의 미사일 기지까지 총 한 방 쏘지 않고 고스란히 차지했다. 이때 유대교, 이슬람교, 그리스도교의 공동 성지인 예루살렘의 동쪽 지역까지 점령했다.

국방장관 모셰 다얀 장군의 지휘 아래 단 6일 만에 끝난 이 전쟁은 세계 전쟁사에 유례가 없는 놀라운 전투로, 이스라엘은 시나이반도와 요르단 서안 웨스트뱅크, 가자 지구, 골란고원 등을 지배하게 된다. 영토는 4배 확장되었다. 아랍의 사망자가 3만 5,000명이었던 반면, 이스라엘의 사망자는 1,000명을 채 넘지 않았다.

소비에트 연방(소련)은 이집트에 군사적 지원을 계속하면서 미국 국무장관 헨리 키신저를 불러 휴전을 요청했고, 소련의 군사 개입 가능성을 예측한 미국은 긴장 완화를 위해 UN을 통해 10월에 휴전을 결의했다. 이 유엔 결의 338조는 전쟁 이전의 상태로 되돌리는 것이 주요 내용이다. 이후 UN의 결정에 따라 이스라엘과 시리아 사이의 비무장 지대에 UN 감시군이 주둔하게 되었다.

1973년에는 10월 6일 유대 속죄일 욤 키푸르를 지키러 각 회당에 유대인들이 모였을 때 시리아와 이집트 침략한 욤 키푸르 전쟁이 일어났지만 이때도 승리했다.

---

**↪ 댓글** shalom 대단한 유대인들! 역시 모든 면에서 뛰어난 사람들인 것 같다. 그들은 성경의 역사를 모두 이룰 때까지 하나님의 계획을 보여주는 역사의 해시계다.

# 미국의 '원숭이 재판'이 불러온
# 공교육의 기독교 금지령

재판 당일 창조론자들의 홍보 부스(1925)

1925년 7월 '원숭이 재판(Monkey Trial, 스코프스 재판)'이라고 불리는 상징적인 사건이 벌어졌다. 그해 3월, 테네시주에서는 개신교 전통을 따라 모든 대학과 고등학교, 지원금을 받는 공립학교에서는 창조론만 가르치고, 생물 시간에 진화론을 가르칠 수 없도록 법으로 규제하고 있었다.

이때 인구 1,700명에 불과한 데이튼 마을 사람들은 '악법 길들이기' 사건을 꾸민다. 생물 교사 존 스코프스는 이 계획에 매수당해 고의로 수업 시간에 진화론을 가르친 뒤 고발을 당한다. 법정에서 패할 경우, ACLU(미국 자유시민연맹)의 법조인들이 벌금을 내주기로 했다.

이 재판은 전국으로 라디오 생중계가 될 정도였고, 기자와 관객 수천 명이 몰려들어 법정이 마당으로 옮겨지는 큰 행사가 돼버렸다. 진화론 측 변호인 클래런스 대로우와 창조론 측 고소인 윌리엄 브라이언은 유명 법조인이었다. 이 사건은 영화와 연극으로 여러 번 만들어지기도 했다.

특이하게도 변호인 대로우가 검사 브라이언을 증인으로 신청했고, 창조론의 모순을 드러내기 위해 성경에 관한 곤란한 질문을 해 이목을 끌었다. 당시는 창조과학적 증거가 부족하던 시절이었다.

재판은 창조론 측이 승소해 스코프스는 100달러 벌금형을 받았지만, 재판 이후 역풍이 불어 창조론 세력에 큰 비난이 쏟아졌다. 이 사건은 진화론의 부흥을 가져왔다. 급기야 케네디 대통령 시절인 1963년에 공립학교에서 예배와 성경 공부가 전면 금지된다. 그리고 1967년에는 "반 진화론 법률은 헌법에 위배된다"는 판결이 나와 진화론이 교과목으로 등장한 이래 오늘날까지 강화되고 있다. 재판 하나가 미친 영향은 놀라웠다.

⇨ 댓글  믿거나말거나  이 재판 이후 검사 브라이언은 5일 만에 사망했죠. 스트레스 때문이었는지… 암살당한 로마 가톨릭 신자 케네디와 그의 가문이 맞이한 끝없는 불행을 공교육에서 기독교를 몰아낸 일련의 조치 때문으로 해석하기도 합니다.

# 미국 창조과학회의 설립과
# 창조과학자들의 반격

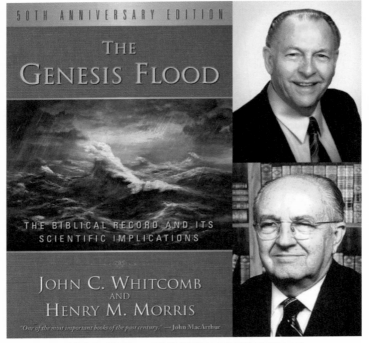

《창세기 대홍수》(왼쪽)와 존 위트콤(위)과 헨리 모리스(아래)

19세기에 진화론이 등장한 이후 창조 신앙을 믿던 기독교인들은 신앙을 떠나거나 진화론을 방어하기에 바빴다. 진화론을 믿지 않으려는 사람들 중에는 아예 믿지 않는 부류도 있었지만, 진화론의 긴 연대와 생물 진화 이론이 과학이라는 주장을 받아들이면서 성경의 주장도 지키려는 이론이 등장하기도 했다.

그중 '날—시대 이론'은 창조의 6일을 진화론의 긴 연대와 연계하는 논리다. 진화론을 인정하는 것과는 별개로 또 다른 성경 해석인 '간극 이론(재창조론)'은 창세기 1장 1절과 2절 사이에 큰 간격이 있어서 현 세계가 한 번 멸망한 뒤 재창조된 것으로 보았다.

그러나 창세기와 성경의 사실들이 과학에 훨씬 부합한다는 것을 1960년대 이후로 많은 이들이 알게 된다. 가장 큰 공을 세운 사람은 수력학자로 진화론자였다가 연구 중 진실을 깨달은 헨리 모리스였다. 그는 구약학자 존 위트콤과 역저 《창세기 대홍수》를 저술하는데(1968), 지질학적 증거와 노아의 홍수에 의한 전 지구적 대격변 등을 밝혀내 연대 문제와 지층과 화석의 문제들을 효과적으로 반박해 큰 반향을 일으켰다.

헨리 모리스는 미국 창조과학회(ICR)를 설립해 더 많은 증거를 수집했고, 이 운동에 많은 과학자가 동참했다. 특히 지질학적 증거를 모은 RATE 프로젝트는 반박 불가의 놀라운 실상을 온 세상에 드러냈다. 1980년 미국 세인트 헬레나 화산의 폭발은 몇 시간 만에 협곡이 생기는 등의 현상을 극적으로 드러내기도 했다. 창조과학은 더욱 많은 증거로 이론이 더욱 단단해지고 있지만, 진화론 측의 엄청난 물량 공세로 최근에는 기독교인들 사이에서 유신진화론이 득세하고 있다.

**↱ 댓글** creation.kr  헨리 모리스 박사님은 우리나라에도 방문하셨죠. 지금은 아들 존 모리스 박사가 ICR을 이끌고 있는데요. 한국창조과학회(KACR)에도 많은 관심을 부탁합니다!

# 신지학이 결실을 맺은
# 뉴에이지 운동의 태동과 부흥

헬레나 블라바츠키 초상(헤르만 쉬미헨, 1884)

너희가 그것을 먹는 날에 너희 눈이 열리고 너희가 신들과 같이 되어 선악을 알 줄을 하나님이 아시느니라, 하니라 | 창 3:5

마귀는 에덴동산에서부터 인간이 신이 될 수 있다고 속였다. 고대로부터 내려온 비밀이 근대에 나타나 현대화된 것이 뉴에이지 운동인데, 이 운동의 산파가 신지학협회다. 신지학은 러시아의 헬레나 블라바츠키가 《비밀교의(Secret Doctrine)》라는 책에서 가르친 것인데, 기독교처럼 신과 인간을 철저히 구분하지 않고, 인간도 신이 될 수 있다고 하는 가르침이다. 프리메이슨 종교에서도 윤회를 거듭해 신이 될 때까지 나아간다고 주장하는데, 사실 불교를 비롯한 모든 종교가 자기 힘으로 구원에 이르고 신이 된다는 거짓을 말하고 있으며, 기독교만이 진실을 전하고 있다.

뉴에이지 운동은 1960년대 미국의 히피 문화 등을 거쳐 1970년대 이후로 대중문화를 타고 크게 부흥한 '인본주의' 사상이다. 뉴에이지는 단일한 세계 정부가 신세계 질서(New World Order)로 통치할 세상을 위해 (근본주의적 기독교를 제외한) 모든 종교와 문화와 정치와 사상을 한데 묶어 새로운 시대로 나아가기 위한 모든 활동이라 정의할 수 있다. 외계인과 UFO 사상, 과학주의, 성의 해방, 동성애, 마약과 약물, 심리학, 점성술, 범신론, 진화론 등을 지향한다.

이 사탄숭배 운동은 1900년대 초에 본격적으로 이론적 기반을 마련하는데, 이때 앨리스 베일리가 만든 '루시퍼 트러스트' 출판사의 책들이 교과서 역할을 했다. 이 출판사는 '루시스 트러스트'로 이름을 바꿔 아직도 활동하는데, 빌 게이츠는 이곳의 오랜 스폰서다.

⤵ 댓글　ooooops　신약성경을 수정한 웨스트코트와 호르트도 심령학과 신지학에 깊이 관여하고 있었다. 블라바츠키는 스베덴보리의 신비 사상과 연결돼 있었지… 참된 기독교 이외에는 모두 같은 편인 셈.

# WCC/WEA의 대립과 화해
# 그리고 교회일치운동

1948년 WCC 제1회 총회(암스테르담)

세계교회협의회 WCC(World Council of Churches, 1948)는 개신교회를 중심으로 하는 진보적 교회일치운동 단체로 웬만한 개신교단은 다 들어가 있으며, 로마 가톨릭과 동방정교회, 안식교도 포함된다. 게다가 타 종교와의 교류도 도모하기 때문에 총회 때 종종 미신적이고 이교적인 퍼포먼스를 벌이기도 해서 구설에 오르내린다.

WCC는 성소수자를 옹호하거나 공산주의 진영으로 자금이 흘러가는 것 등에도 반대하는 이들이 많은데, 무엇보다도 가톨릭 등과 구원관을 통일함으로써 개혁했던 옛길로 다시 돌아가려 하고, 타 종교를 통해서도 구원받는다는 등의 주장으로 복음의 길을 저버린다는 비판을 받는다. 하지만 개개인이 반대하고, 목회자들이 직접 활동하지 않아도 교단에서 탈퇴하지 않는 한 소속상 WCC에 속해 있는 셈이다.

이들과 대척점에 있던 보수적 복음주의 단체는 세계복음주의연맹 WEA(World Evangelical Alliance, 1846)이다. 과거의 대표적인 인물은 빌리 그레이엄이다. 그러나 그레이엄은 가톨릭에서 명예 학위를 받았고, 말년으로 갈수록 종교 통합에 영혼을 팔았다. 급기야 로버트 슐러와의 인터뷰에서는 불교와 이슬람 신자나 예수님을 모르는 불신자도 천국에 간다고 선언할 정도였고(1997), 유신론적 진화론을 주장하기도 했다.

2000년대 이후로는 WEA도 점차 WCC와의 대화에 나서면서 대립이 아닌 화합의 길로 가고 있다. 결국 거의 모든 교단이 교회일치운동의 길을 걷는 것이다. 그러나 교회 연합을 너머 타 종교까지 이해하고 인정하는 길은 포용이 아니라, 성경이 예언하는 배교의 길이다.

---

**⇨ 댓글**　**쯧쯧쯧**　이미 교회는 그리스도의 몸으로 하나인데 뭘 자꾸 연합하자는 것인지 의도가 의심스럽습니다. 그렇게 개신교를 탄압하더니 1962년부터 전략을 바꾼 교황과 가톨릭의 작업이 효과를 나타내는 거죠. 에휴.

# 교회사 인물들의 에피소드

**♦ 이단 마르키온을 만난 폴리캅의 한마디**

탁월한 교부 폴리캅은 어느 날 이단 마르키온주의의 우두머리 마르키온을 만났다. 마르키온이 먼저 폴리캅에게 말을 건넸다.

"나를 알아보시겠소?"

그러자 폴리캅은 이렇게 말했다.

"당연하지. 어찌 사탄의 장자를 몰라보겠소! 증거를 받지 않은 사람은 누구나 마귀의 자녀요, 주의 말씀을 자신의 정욕으로 바꾸어 부활도 심판도 없다고 하는 자는 사탄의 장자니까요."

⟳ 37쪽 참고

**♦ 상복을 입은 루터의 아내 카타리나**

개혁의 과정에서 각계의 공격으로 큰 두려움과 좌절에 빠진 루터가 하루는 집에 돌아와 땅이 꺼지게 한숨을 쉬었다. 너무나 힘들어 다 포기하고 싶었기 때문이었다.

그런데 잠시 후 아내 카타리나가 나타났는데, 검은 상복을 입고 있었다.

"아니, 왜 상복을 입고 있소? 누가 죽었소?"

루터의 질문에 카타리나가 말했다.

"하나님이 죽으셨나 봅니다."

"그게 무슨 소리요?"

"하나님이 죽으신 게 아니라면 당신이 그리 땅이 꺼지게 한숨을 쉴 리는 없잖아요?"

그때 루터는 충격을 받았다. 모든 것을 자기가 헤쳐나간다고 생각하며 좌절했지만, 하나님께서 이 모든 일을 행하시며 앞서가신다는 사실을 잊고 있던 자신의 교만을 회개했다. 아내의 슬기로 루터는 담대하게 다시 외로운 싸움을 시작했다.

⟳ 99쪽 참고

♦ 칭찬에 대처하는 존 버니언의 자세

어느 날 존 버니언은 여느 때처럼 열정적으로 설교를 하고 강단을 내려왔다. 예배를 마치자 몇몇 교인들이 다가와 말했다.

"목사님, 오늘 설교도 정말 감동적이었어요!"

"아, 그러셨어요?" 존 버니언은 말했다. "굳이 말씀 안 하셔도 압니다. 강단에서 막 내려오는 순간 마귀가 내 귀에 대고 이미 말했었거든요."

⟳ 125쪽 참고

♦ 저드슨이 전도한 미얀마 원주민 카렌족의 책

애도니럼 저드슨이 선교지 버마(미얀마)에 처음 도착하자 그곳 사람들은 "내륙에 사는 카렌족은 산지에 사는 들소처럼 길들이기 힘든 족속이오"라고 일러주었지만, 저드슨은 그들을 찾아가 꿋꿋하게 사역을 펼쳤다.

저드슨은 카렌족 원주민들에게 이런 말을 들었다.

"우리 조상들은 한때 가죽으로 된 하나님의 책을 갖고 있었다고 합니다. 하지만 부주의하여 언젠가 그 책을 못 쓰게 만들었고, 그 뒤로 우리는 책과 글자 없이 지내는 벌을 받으며 살아왔습니다."

저드슨은 그들의 이야기를 듣고 성경을 카렌족 말로 번역해 책과 글자를 돌려주었고, 수많은 사람을 하나님 앞으로 인도했다.

⇨ 135쪽 참고

## ◆ 하나님이 예비하신 허드슨 테일러의 기적

허드슨 테일러가 중국 선교사로 갈 준비를 할 때, 매우 분주한 의사 밑에서 일하고 있었는데, 그는 테일러에게 봉급날을 상기시켜 달라고 할 정도여서 종종 급여를 받지 못할 때도 있었다.

어느 일요일 밤, 봉급을 받지 못한 테일러의 주머니에는 2.5실링짜리 동전 하나밖에 없었다. 그때 한 가난한 남자가 찾아와 위독한 아내를 위한 기도를 부탁했다. 테일러가 남자의 집에 가 보니, 그의 집에는 정말 아무것도 없었다. 하지만 테일러는 자신의 마지막 동전을 포기하지 않고 주저하면서 그 집 가족과 함께 무릎을 꿇고 기도를 시작했다.

이후에 허드슨 테일러는 그때의 일을 이렇게 기록했다.

"나는 겨우 입을 열어 '하늘에 계신 아버지여'라고 했습니다. 그런데 그때 내 양심은 말했습니다. '네가 감히 하나님을 모욕해? 어떻게 주머니의 동전도 포기하지 못하면서 무릎을 꿇고 그분을 아버지라고 부를 수 있지?'라고 말이죠."

그는 결국 자신의 마지막 동전을 가난한 가정에 주었고, 부부는 음식과 약을 구할 수 있었다. 돌아가는 테일러의 주머니는 비었지만 마음은 기쁨으로 가득 찼다. 다음 날, 그는 익명의 후원자로부터 편지를 한 통 받았는데, 그 안에는 10실링의 금화가 들어 있었다. 그가 이웃을 위해 포기한 돈의 4배나 되는 금액이었다.

↪ 135쪽 참고

### ♦ 무디가 말한 '단번에 받는 구원'

하루는 어떤 사람이 드와이트 라이먼 무디에게 물었다.

"사람이 단번에 구원을 받을 수 있습니까?"

"그렇습니다." 하고 무디는 대답했다. "사람이 달리 구원받는 방법을 성경에서 읽어 못했습니다. 선물은 아직 받지 않은 순간이 있고, 이미 받은 순간이 있습니다. 이곳에서 저곳으로 넘어갈 때도 경계선을 넘는 순간은 반드시 있는 법이죠. 영혼이 돌아서는 순간은, 마음으로 믿고 '제가 그렇게 하겠습니다'라고 말하는 순간입니다."

무디는 계속해서 믿고 받아들이는 일의 중요성을 설명했다.

"그것은 마치 '이 말(馬)을 사시겠습니까? 값은 천 달러입니다' 하고 말할 때, 당신이 내 말을 이해했더라도 실제로 말을 구매하지 않으면 그 말이 당신 것이 되지 않는 것과 비슷한 이치입니다. 복음을 믿더라도 그것만으로는 아무 유익이 없습니다. 내 것으로 삼아야만 합니다."

↪ 139쪽 참고

### ♦ 조지 휘트필드의 우문현답

조지 휘트필드와 존 웨슬리의 교리적 차이를 잘 아는 어느 비판적인 신학 교수가 있었다. 그가 휘트필드에게 물었다.

"천국에 가시면 존 웨슬리를 보게 될 것 같습니까?"

둘 중에 누가 옳다고 생각하는지 묻는 함정이었다. 웨슬리가 천국에 있다면 휘트필드가 틀린 것이고, 천국에 없다고 대답하면 그는 교만한 사람이 되는 것이었다. 조지 휘트필드는 말했다.

"아니요, 교수님. 보지 못할 겁니다."

"오, 그래요?"

그 상황을 즐기려는 교수에게 휘트필드는 이렇게 말했다.

"웨슬리는 하나님의 왕좌에 아주 가까이 있을 테고, 당신과 나는 그의 모습이 보이지 않을 만큼 멀리 떨어져 있을 테니까요."

↪ 131, 145쪽 참고

◆ 〈나의 갈 길 다가도록〉을 탄생시킨 크로스비의 기적

앞을 보지 못하는 찬송 시인 패니 제인 크로스비는 5달러의 돈이 절실히 필요했지만 어디서 그 돈을 구할 수 있을지 몰랐다. 그래서 평소처럼 기도하기 시작했고, 기도를 시작한 지 몇 분 만에 그 짧은 기도는 한 방문객의 초인종 소리에 중단되었다.

그 방문객은 크로스비 여사의 집 앞을 지나다가 팬심으로 그녀를 만나 인사만이라도 하고 가고 싶었던 남성이었다. 크로스비를 만난 그는 곧 아무 말 없이 작별의 악수를 청하고는 떠났다. 그런데 그가 떠난 뒤, 그녀의 손끝에 만져지는 무언가가 있었다. 바로 5달러 지폐였다. 그 사람이 악수할 때 남기고 간 돈이었다.

이 일에 대해 그녀는 이렇게 썼다.

"전 이것을 설명할 길이 없었어요. 하나님이 저의 기도에 대한 응답으로

이 착한 남자가 돈을 가지고 오게 만드셨다고 믿는 것 말고는요. 그때 제가 했던 첫 번째 생각은, 하나님이 이끄시는 길이 매우 경이롭다는 것입니다. 저는 그때 즉시 시를 썼고, 로우리가 음악 작업에 착수했어요."

　이런 사연 속에서 탄생한 〈나의 갈 길 다가도록〉이라는 찬송가는 1875년 윌리엄 도안과 로버트 로우리에 의해 편찬되어 《Brightest And Best(가장 밝고 좋은 것)》이라는 주일학교 컬렉션에 처음 실렸다.

↪ 143쪽 참고

## ㄱ

| | |
|---|---|
| 가이 포크스 | 112, 113 |
| 가자 지구 | 161 |
| 감리교 | 107, 130, 131, 145 |
| 강신술 | 149 |
| 경건주의 | 128, 129, 131 |
| 고백교회 | 155 |
| 골란고원 | 161 |
| 공산주의 | 169 |
| 교부 | 34, 35, 55, 73, 105, 170 |
| 구텐베르크 | 88, 89 |
| 기독교강요 | 105 |
| 꾸란(코란) | 61, 63 |

## ㄴ

| | |
|---|---|
| 나바라 왕국 | 111 |
| 나의 투쟁 | 153 |
| 나치 | 152, 153, 154, 155 |
| 나탄 | 51 |
| 나폴레옹 | 133 |
| 네게브 사막 | 159 |
| 네로 | 24, 25, 31 |
| 노바티안파 | 71 |
| 노스필드 | 139 |
| 뉴파크 스트리트 | 137 |
| 니케아 공회 | 47, 73 |

## ㄷ

| | |
|---|---|
| 단두대(기요틴) | 133 |
| 단테 | 41, 86, 87 |
| 담무즈 | 59 |
| 대요리문답 | 121 |
| 데린쿠유 | 39 |
| 데카메론 | 87 |
| 더 클레멘티아 | 105 |
| 도나티스트 | 49 |
| 도나티스트파 | 71 |
| 도마 | 27 |
| 도미티아누스 | 27 |
| 동정녀 | 45, 59, 73 |
| 디아나 | 59 |
| 디아스포라 | 31 |
| 디오클레티아누스 | 43 |
| 디트리히 본회퍼 | 154, 155 |

## ㄹ

| | |
|---|---|
| 라마단 | 63 |
| 라오디게아 | 51 |
| 라테란 궁 | 43 |
| 랭턴 | 51 |
| 러시아 | 64, 65, 150, 151, 167 |
| 레닌 | 150, 151 |
| 레오 | 69, 93 |
| 레오나르도 다빈치 | 87 |
| 로렌초 발라 | 87 |

| 로마 | 19, 23, 25, 28, 29, 30, 31, 33, 35, 38, 39, 41, 43, 45, 49, 51, 53, 59, 65, 67, 69, 71, 73, 74, 75, 77, 81, 93, 95, 97, 115, 125, 141, 157, 163, 169 |
|---|---|
| 론 허버드 | 149 |
| 롤라드파 | 80 |
| 루마니아 | 65 |
| 루소 | 133 |
| 루시스 트러스트 | 167 |
| 루이자 스테드 | 143 |
| 르네상스 | 86, 87 |
| 리나 샌델 | 143 |
| 리처드 백스터 | 117, 129 |

**ㅁ**

| 마고(마그리트) | 111 |
|---|---|
| 마녀사냥 | 118, 119 |
| 마니교 | 49, 149 |
| 마로치아 | 69 |
| 마르크스 | 133, 151 |
| 마르키온주의 | 55, 170 |
| 마르틴 루터 | 83, 89, 92, 93, 95, 97, 98, 99, 100, 101, 103, 105, 109, 117, 125, 129, 131, 145, 170, 171 |
| 마리아 | 45, 58, 59, 65, 73 |
| 마사다 | 31 |
| 마태 | 27 |
| 맘루크 시대 | 33 |
| 매사추세츠 | 117, 119, 139 |
| 메노파 | 71 |
| 메도디스트 | 131 |
| 메디시스 | 111 |
| 메리 베이커 에디 | 148, 149 |
| 메이플라워호 | 116, 117 |
| 메트로폴리탄 태버내클 | 137 |
| 면벌부(면죄부) | 76, 77, 83, 93, 95, 103 |
| 모니카 | 49 |
| 모라비안 형제단 | 71, 83, 129, 131 |
| 모르몬경 | 147 |
| 모세오경 | 51 |
| 몬타니스트 | 70, 71 |
| 몬트이글 | 113 |
| 몰몬교(예수그리스도후기성도교회) | 146, 147 |
| 몽소승천 | 59 |
| 무디 | 138, 139, 141, |

|  |  |  |  |
|---|---|---|---|
|  | 143, 145, 173 | 베스파시아누스 | 31 |
| 무슬리마 | 61 | 보고밀파 | 71 |
| 무슬림 | 61, 63 | 보니파스 | 69 |
| 무염시태 | 59 | 보카치오 | 87 |
| 무함마드 | 60, 61, 63 | 보헤미아 | 83 |
| 미카엘 | 72, 73 | 보헤미안 형제단 | 83, 129 |
| 미켈란젤로 | 87 | 봉건제도 | 79 |
| 미트라 | 41 | 부활절 | 46, 47 |
| 밀라노 칙령 | 40, 41 | 불가리아 | 65 |
|  |  | 불교 | 45, 135, 167, 169 |
| **ㅂ** |  | 비너스 | 59 |
| 바돌로매 | 27 | 비밀교의 | 149, 167 |
| 바르트부르크 | 100, 101 | 비숍성경 | 115 |
| 바스티유 | 133 | 비오 | 69 |
| 바오로 | 69 | 비잔티움 제국 | 43, 65, 67 |
| 바울 | 26, 27, 51, 85 | 비텐베르크 | 101 |
| 바울파 | 71 | 비텐베르크 성당 | 89, 93 |
| 바위의 돔 | 62, 63 | 빌 게이츠 | 167 |
| 박태선 | 73 | 빌리 그레이엄 | 169 |
| 발레리아누스 | 35 |  |  |
| 밧모섬 | 27 | **ㅅ** |  |
| 밸푸어 선언 | 33 | 사우디아라비아 | 63 |
| 버가모 | 35 | 사이언톨로지 | 149 |
| 버마(미얀마) | 135, 171 | 사회주의 | 141, 150, 151 |
| 베네딕트 | 69 | 산타클로스 | 47 |
| 베드로 | 20, 25, 27, 35, 77 | 살라 | 63 |
|  |  | 샤하다 | 63 |
| 베를린 | 155 | 서머나 교회 | 35, 37 |
| 베스트팔렌 | 111 |  |  |

| 성상 | 44, 45, 65, 103 |
| 성탄절 | 46, 47 |
| 세르비아 | 65 |
| 세르지오 | 69 |
| 세미라미스 | 59 |
| 세인트 | 26, 27, 73 |
| 세일럼 | 118, 119 |
| 셀주크 왕조 | 67 |
| 소련 | 150, 151, 161 |
| 소요리문답 | 121 |
| 소크라테스 | 133 |
| 속사도 | 35 |
| 쇠움 | 63 |
| 슈트라스부르크 | 105 |
| 스베덴보리 | 167 |
| 스코프스 | 163 |
| 스탈린 | 151 |
| 스테파누스 | 51 |
| 스패퍼드 | 143 |
| 시나이반도 | 161 |
| 시리아 | 31, 33, 161 |
| 시몬 바르 코크바 | 32, 33 |
| 시온주의 | 33 |
| 식스투스 | 69 |
| 신곡 | 41, 86, 87 |
| 신비주의 | 109, 126, 127, 149 |
| 신세계 질서 | 67 |

| 신천지 | 73 |
| 신플라톤주의 | 54, 55 |
| 십자군 | 33, 65, 66, 67 |

**ㅇ**

| 아그립바 | 27 |
| 아놀드파 | 71 |
| 아데미 | 59 |
| 아돌프 히틀러 | 133, 152, 153, 155, 157 |
| 아스다롯 | 47, 59 |
| 아우슈비츠 | 153, 157 |
| 아이라 생키 | 139 |
| 안드레 | 26, 27 |
| 안디옥 | 34, 35, 65, 67 |
| 안상홍 | 73 |
| 안식교(제칠일안식일예수재림교회) | 146, 147, 169 |
| 안톤 체호프 | 151 |
| 알렉산더(교황) | 69 |
| 알렉산드리아 | 35, 65, 73 |
| 알미니안주의 | 106, 107, 131 |
| 알바니아 | 65 |
| 알비파 | 71 |
| 알 아크사 | 63 |
| 앗 사크라 | 63 |
| 알-일라 | 61 |
| 앙리 2세 | 111 |
| 애도니럼 저드슨 | 134, 135, 171 |

| | | | | |
|---|---|---|---|---|
| 앨리스 베일리 | 167 | 욤 키푸르 전쟁 | 161 |
| 얀 후스 | 82, 83 | 원숭이 재판 | 162, 163 |
| 어거스틴 | 48, 49 | 웨스트민스터 | 115, 120, 121 |
| 어나니머스 | 113 | 웨스트뱅크 | 161 |
| 에라스뮈스 | 87, 103 | 웨스트코트 | 141, 167 |
| 에바 브라운 | 153 | 위경 | 51, 52, 53 |
| 에비온주의 | 55 | 위그노 | 111 |
| 에크 | 95 | 위그노파 | 71 |
| 에클레시아 | 21 | 윌리엄 밀러 | 147 |
| 에티오피아 | 27 | 윌리엄 브라이언 | 163 |
| 엘리자베스 | 115, 117, 121 | 윌리엄 캐리 | 135 |
| 여호와의증인 | 147 | 윌리엄 틴들 | 84, 85, 115 |
| 영생교 | 73 | 윌리엄 펜 | 127 |
| 영지주의 | 37, 54, 55,149 | 유세베이아 | 129 |
| 예루살렘 | 19, 21, 30, 31, | 유월절 | 31, 47 |
| | 33, 45, 62, 63, | 이그나티우스 | 34, 35 |
| | 65, 67, 76, | 이그나티우스 로욜라 | 108, 109 |
| | 156, 157, 159, | 이노센트 | 68, 69, 81 |
| | 161 | 이만희 | 73 |
| 예수회(제수이트) | 109, 113 | 이스라엘 | 32, 33, 47, 62, |
| 오스만 터키 제국 | 33 | | 156, 158, 159, |
| 왈도파 | 71 | | 161 |
| 외경 | 49, 51, 52, 53 | 이스터 | 46, 47 |
| 요르단 | 161 | 이슬람 | 33, 39, 60, 61, |
| 요세푸스 | 17, 41 | | 62, 63, 66, 67, |
| 요한(교황) | 69, 81, 83 | | 85, 97, 169 |
| 요한(사도) | 26, 27, 35, 37, | 이원론 | 55 |
| | 54 | 이집트 | 27, 33, 159, |
| 요한 아른트 | 129 | | 161 |

| | |
|---|---|
| 이크티스(익투스) | 39 |
| 인도 | 27, 109, 135 |
| 일루미나티 | 109 |
| 잉글랜드 | 121 |

**ㅈ**

| | |
|---|---|
| 자카 | 63 |
| 장로교 | 104, 105, 107, 121, 127 |
| 재침례파 | 71, 103 |
| 정경 | 35, 49, 50, 51, 52, 53 |
| 정교회 | 45, 64, 65, 150, 151 |
| 제네바성경 | 115 |
| 제임스 1세 | 113, 114, 115, 117, 121 |
| 조너선 에드워즈 | 117, 145 |
| 조셉 스미스 주니어 | 147 |
| 조지아 | 65, 131 |
| 조지 휘트필드 | 131, 144, 145, 173, 174 |
| 조희성 | 73 |
| 존 뉴턴 | 143 |
| 존 모리스 | 165 |
| 존 버니언 | 117, 124, 125, 129, 171 |
| 존 오웬 | 117 |
| 존 웨슬리 | 130, 131, 173, |

| | |
|---|---|
| | 174 |
| 존 위클리프 | 80, 81, 83, 115 |
| 존 위트콤 | 164, 165 |
| 존 칼빈 | 103, 104, 105, 107, 109, 111, 131 |
| 주전 | 22, 23 |
| 주현절 | 47 |
| 주후 | 22, 23 |
| 지브릴 | 61 |

**ㅊ**

| | |
|---|---|
| 찰리 채플린 | 153 |
| 찰스 1세 | 121, 125 |
| 찰스 2세 | 121, 125 |
| 찰스 다윈 | 140, 141 |
| 찰스 스펄전 | 117, 136, 137 |
| 찰스 웨슬리 | 130, 131, 143 |
| 찰스 테이즈 러셀 | 146, 147 |
| 천로역정 | 117, 124, 125 |
| 천부교 | 73 |
| 청교도 | 115, 116, 117, 118, 119, 121, 125 |
| 체코 | 83 |
| 취리히 | 103 |
| 츠빙글리 | 102, 103, 105 |
| 친첸도르프 | 128, 129 |

| | |
|---|---|
| 침례 | 21, 43, 71 |
| 침례교 | 125, 135, 136, 137, 145 |

**ㅋ**

| | |
|---|---|
| 카르타고 | 49, 50, 51 |
| 카타리나 | 98, 99, 170 |
| 카타콤 | 38, 39 |
| 카파도키아 | 38, 39 |
| 칼빈주의 | 106, 107, 121, 131 |
| 케네디 | 163 |
| 케린투스 | 37 |
| 케임브리지 | 137, 141 |
| 콘스탄티노플 | 43, 65, 73, 79 |
| 콘스탄티누스 1세 | 40, 41, 42, 43, 44, 45, 71, 73 |
| 콜로세움 | 25, 28 |
| 콤비누스 | 67 |
| 퀘이커 | 126, 127 |
| 크롬웰 | 121 |
| 크리스천 사이언스 | 148, 149 |
| 클래런스 대로우 | 163 |
| 클레멘트 | 35 |
| 클로루스 | 43 |
| 키로십자가 | 41 |
| 키프로스 | 65 |
| 키프리안 | 35 |

**ㅌ**

| | |
|---|---|
| 타이투스(디도) | 30, 31 |
| 태양신 | 41, 47 |
| 터툴리안 | 35 |
| 테넌트 | 145 |
| 테오도라 | 69 |
| 토머스 아 켐피스 | 129 |
| 트라야누스 | 35 |
| 티모시 드와이트 | 145 |
| 티콘 대주교 | 151 |

**ㅍ**

| | |
|---|---|
| 파수대 | 147 |
| 파스칼 | 111 |
| 파이니어스 큄비 | 149 |
| 파피어스 | 35 |
| 팔레스타인 | 33, 159 |
| 패니 제인 크로스비 | 142, 143, 174 |
| 페스트 | 79, 99 |
| 페트라르카 | 87 |
| 펜실베이니아 | 127 |
| 폴란드 | 65 |
| 폴리캅 | 35, 36, 37, 170 |
| 프라하 | 83 |
| 프란체스코 | 109 |
| 프랑스 대혁명 | 132, 133 |
| 프리스킬리안 | 71 |
| 플라톤 | 49, 55 |

| 필라델피아 | 127, 145 |
| 필립 슈페너 | 129 |

### ㅎ

| 하나님의교회 | 73 |
| 하늘의 여왕 | 58, 59 |
| 하비에르 | 109 |
| 하쯔 | 63 |
| 헤롯 | 27 |
| 헤켈 | 153 |
| 헨리 모리스 | 164, 165 |
| 헨리케 | 111 |
| 헨리 키신저 | 161 |
| 헬레나 | 43, 44, 45 |
| 헬레나 블라바츠키 | 166, 167 |
| 호르트 | 141, 167 |
| 호시우스 | 43 |
| 홀리클럽 | 131 |
| 화승총 | 109 |
| 후스파 | 71, 83, 129 |
| 흐루쇼프 | 151 |
| 흑사병 | 78, 79 |
| 히라산 | 61 |
| 히에라폴리스 | 35 |
| 힌두교 | 45 |

### 기타

| AD | 22, 23 |
| ACLU | 163 |
| BC | 22, 23 |
| ICR | 165 |
| RATE 프로젝트 | 165 |
| WCC | 97, 147, 168, 169, |
| WEA | 168, 169 |
| 42행 성경 | 89 |
| 6신 5행 | 63 |
| 6일 전쟁 | 160 |

# 교회사를 관통한 결정적 장면

초판 1쇄 발행 2021년 7월 5일

지은이 | 김재욱
펴낸이 | 김윤정

편집 | 이효선 조은아
마케팅 | 김지수

펴낸곳 | 글의온도·하온
출판등록 | 2021년 1월 26일 (제2021-000050호)
주소 | 서울시 종로구 삼봉로 81, 두산위브파빌리온 442호
전화 | 02-739-8950
팩스 | 02-739-8951
메일 | ondopubl@naver.com
인스타그램 | @ondopubl

©김재욱, 2021
ISBN 979-11-974554-2-1  03230